起重机底盘液压混合动力系统研究

Research on hydraulic hybrid power system of crane chassis

陈有权◎著

吉林大学出版社

·长春·

图书在版编目（CIP）数据

起重机底盘液压混合动力系统研究 / 陈有权著.
长春：吉林大学出版社，2024. 9. -- ISBN 978-7-5768-3601-1

Ⅰ. U463

中国国家版本馆CIP数据核字第2024XY1489号

书　　名	起重机底盘液压混合动力系统研究
	QIZHONGJI DIPAN YEYA HUNHE DONGLI XITONG YANJIU
作　　者	陈有权
策划编辑	朱　进
责任编辑	朱　进
责任校对	刘守秀
装帧设计	王　强
出版发行	吉林大学出版社
社　　址	长春市人民大街4059号
邮政编码	130021
发行电话	0431-89580036/58
网　　址	http://www.jlup.com.cn
电子邮箱	jldxcbs@sina.com
印　　刷	三河市龙大印装有限公司
开　　本	787mm×1092mm　　1/16
印　　张	11.25
字　　数	175千字
版　　次	2025年3月　第1版
印　　次	2025年3月　第1次
书　　号	ISBN 978-7-5768-3601-1
定　　价	69.00元

版权所有　翻印必究

摘 要

随着世界经济的快速增长，工业生产及交通运输不断进步，但随着石油资源日渐匮乏以及环境污染日趋加重，节能减排越来越受到全世界的关注。工程机械作为高耗能行业，相关的技术探索从未停止，近年来呼声更加强烈。其中，混合动力技术是目前实现车辆节能减排的有效途径之一，混合动力技术在汽车领域的成功应用为工程机械的节能减排提供了有益的参考。

近年来，工程机械混合动力系统的研究，无论国内还是国外，主要集中在挖掘机、叉车、推土机等产品上面，且我国对混合动力工程机械研究较晚，核心技术相比国外还有一定的差距。在工程机械领域中，汽车起重机这种机型是非常重要的，但是，因为其整车质量非常大，所以要求装机功率大，又因其起动、制动比较频繁，所以燃油消耗很大，同时，排放性能也非常差。混合动力起重机的产品种类十分有限，相关理论尚处于发展阶段，缺乏系统整体性的研究。目前的技术主要集中在油电混合方式上，尚未出现液压混合动力产品。而液压混合动力系统功率密度大，在提高起重机燃油经济性的同时，还可以提供较大的驱动力，尤其适用于重负载的工程机械领域。为了提高汽车起重机整机性能、行业技术附加值和核心竞争力，进而促进整个工程机械行业的技术革新和产业升级，开展汽车起重机液压混合动力的研究无论在理论上还是在现实上都具有非常重要的意义。

本书是在吉林大学与国内某知名企业的合作项目——"起重机底盘液压混合动力系统开发"的资助下，以50吨级汽车起重机底盘为研究对象，在相关理论研究的基础上，通过参数优化匹配、设计合理的控制策略、计算机仿真与试验对并联式液压混合动力系统的应用进行了较为详细、深入的研究，实现起重机节能减排目标，为以后的产业化升级提供理论和实践基础。本书主要取得了以下几个方面的进展：

（1）在充分分析国内外关于混合动力车辆的研究现状、混合动力系统关键技术的基础之上，提出了前置双轴式并联液压混合动力结构，充分利用变速箱的调节作用，较大幅度地提升起重机的动力性能，并能满足人们对车辆改装的需求。

（2）从系统的角度建立了整车纵向力学模型、发动机、液压泵/马达、液压蓄能器等关键元件的数学模型，为系统参数匹配及系统仿真打下理论基础。

（3）在对汽车起重机液压混合动力系统关键元部件重要参数匹配分析的基础上，结合动力系统优化目标函数，利用提出的改进多目标粒子群算法（IMOPSO）对系统关键元部件的主要参数进行了优化匹配，参数优化结果将作为关键元部件最终选型的重要参考依据。

（4）通过对整机行驶模式的分析，制定了制动能量再生、利用与主动充能控制策略。为了提高转矩控制对系统参数大范围摄动的鲁棒性，采用分数阶PID控制方法，对液压泵/马达进行转矩控制，其控制效果优于智能PID控制方法。

（5）为了缩短系统的开发时间并节约成本，寻找最佳设计方案及设计参数，本书采用虚拟样机技术，在LMS Imagine.Lab AMESim建模仿真环境下，建立前置并联式液压混合动力起重机的AMESim仿真模型，进行了相关的仿真分析和评估，找出了早期方案的不足，提前预测系统性能。

（6）基于国产某型号传统起重机，与企业联合开发了前置并联式液压混合动力起重机试验样机，并成功地将液压混合动力系统移植到起重机底盘中，设计了系统性能测试方案还进行了实车测试，通过测试结果验证了理论研究、仿真模型和相应控制策略的正确性。

陈有权
2024.5.10

目 录

第1章 绪　论 ·· 1
　1.1 研究背景及意义 ·· 1
　1.2 混合动力车辆研究现状 ···································· 2
　　1.2.1 混合动力汽车发展现状 ································ 2
　　1.2.2 混合动力工程机械国内外发展现状 ······················ 4
　　1.2.3 混合动力起重机发展现状 ······························ 7
　1.3 混合动力系统关键技术分析 ································ 8
　　1.3.1 混合动力车辆底盘构型 ································ 8
　　1.3.2 储能技术 ··· 11
　　1.3.3 混合动力车辆的控制策略 ····························· 16
　1.4 问题的提出及主要研究内容 ······························· 18
　　1.4.1 问题的提出 ··· 18
　　1.4.2 主要研究内容 ······································· 18

第2章 液压混合动力起重机系统数学建模研究 ················· 20
　2.1 引言 ·· 20
　2.2 液压混合动力起重机系统原理 ····························· 20
　2.3 液压混合动力起重机整车模型 ····························· 22
　　2.3.1 建模思想 ··· 22
　　2.3.2 整车纵向动力学模型 ································· 24

2.3.3 车轮模型 ··· 27
2.4 驾驶员模型 ··· 31
2.5 发动机模型 ··· 32
2.6 液压二次元件模型 ··· 35
　　2.6.1 伺服滑阀数学模型 ····································· 37
　　2.6.2 变量油缸数学模型 ····································· 38
　　2.6.3 液压二次元件数学模型 ································ 38
　　2.6.4 液压二次元件的转矩控制 ···························· 41
2.7 液压蓄能器模型 ·· 44
　　2.7.1 液压蓄能器的工作过程 ································ 44
　　2.7.2 理想气体能量方程 ····································· 46
　　2.7.3 液压蓄能器热损失修正 ································ 49
　　2.7.4 液压蓄能器SOC定义 ·································· 51
　　2.7.5 蓄能器低压系统 ·· 51
2.8 转矩耦合器模型 ·· 52
2.9 整车控制模型 ··· 53
2.10 本章小结 ··· 54

第3章　动力系统关键元件参数优化匹配研究 ············· 55
3.1 引言 ··· 55
3.2 系统关键部件参数匹配分析 ·································· 55
　　3.2.1 发动机功率的匹配 ····································· 56
　　3.2.2 液压蓄能器匹配 ·· 59
　　3.2.3 液压二次元件参数匹配 ································ 66
3.3 系统关键部件参数优化 ·· 71
　　3.3.1 多目标优化问题及相关概念 ························· 72

3.3.2 多目标优化问题求解方法 ·············· 73
　　3.3.3 改进多目标粒子群算法（IMOPSO）·············· 74
　　3.3.4 基于IMOPSO算法的系统关键部件参数优化匹配分析 ······ 78
　3.4 本章小结 ·············· 84

第4章　液压混合动力起重机制动能量控制策略研究 ·············· 85
　4.1 引言 ·············· 85
　4.2 整车行驶模式及能量管理策略分析 ·············· 86
　　4.2.1 整车行驶模式分析 ·············· 86
　　4.2.2 模式切换及能量管理策略 ·············· 91
　4.3 混合动力系统控制策略 ·············· 92
　　4.3.1 制动能量再生策略 ·············· 93
　　4.3.2 制动能量利用策略 ·············· 102
　　4.3.3 主动充能控制策略 ·············· 110
　4.4 本章小结 ·············· 112

第5章　液压混合动力起重机仿真研究 ·············· 113
　5.1 引言 ·············· 113
　5.2 整车底盘系统仿真建模 ·············· 113
　5.3 混合动力车辆性能评价指标及仿真分析 ·············· 115
　　5.3.1 车辆整体性仿真分析 ·············· 116
　　5.3.2 制动效能评价指标 ·············· 117
　　5.3.3 动力性能评价指标 ·············· 121
　　5.3.4 燃油经济性评价指标 ·············· 121
　　5.3.5 平顺性评价指标 ·············· 123
　5.4 本章小结 ·············· 125

第6章 液压混合动力起重机试验研究 …………………………… 126
6.1 引言 ………………………………………………………… 126
6.2 试验设计 …………………………………………………… 126
6.2.1 试验样车整体结构及主要参数 ……………………… 126
6.2.2 实时控制系统 ………………………………………… 128
6.2.3 测点布置与信号采集 ………………………………… 130
6.2.4 测试工况及方法 ……………………………………… 133
6.3 整机测试与分析 …………………………………………… 135
6.3.1 系统响应及噪声特性测试与分析 …………………… 135
6.3.2 制动性能测试与分析 ………………………………… 139
6.3.3 动力性能测试与分析 ………………………………… 145
6.3.4 节油效果测试与分析 ………………………………… 151
6.3.5 缓冲效果测试与分析 ………………………………… 153
6.3.6 主系统能量利用及损失分析 ………………………… 155
6.4 本章小结 …………………………………………………… 157

第7章 总结与展望 ……………………………………………… 158
7.1 总结 ………………………………………………………… 158
7.2 创新点 ……………………………………………………… 159
7.3 展望 ………………………………………………………… 160

参考文献 ………………………………………………………… 161

第1章 绪 论

1.1 研究背景及意义

近年来，随着社会的发展，人们对能源的需求越来越多。但能源结构和能源利用效率也对环境污染产生了显著的影响。

从能源角度来看，能源对经济发展有支撑作用。据了解，交通部门的能耗占全球一次能源消费的29%[1]。

以2016年为例，世界主要能源消耗增长了1%，其中石油消耗量增加了7 700万t，而运输需求占其中的5 100多万t。据中国汽车协会公布："2023年我国汽车产销量均超过3 000万辆，同比增11.6%和12%。至此，我国汽车产销总量连续第15年稳居全球第一"[2]，并且，随着新型工业化和城镇化加快推进，海外新兴汽车市场的发展，我国汽车产量仍将保持平稳增长，这必将消耗更多的石油。据2017年世界能源展望报告预测，到2035年中国将占世界能源消费总量的26%，占全球净增长量的35%[3]。

2024年石油输出国组织（欧佩克）发布的月度石油市场报告再次引起了全球石油市场的关注。根据该报告，"2024年全球日均石油需求量较2023年将增加225万桶，达到1.04亿桶，而2025年全球日均石油需求量预计将进一步增加185万桶，达到1.06亿桶左右"[4]。

从环保角度看，由于工业生产、建筑、交通运输的发展以及人口的增加，必然对环境造成影响，像酸雨、雾霾、全球变暖等环境恶化现象的产生，已经严重影响到人们赖以生存的地面生态系统，尤其是空气质量一直是人们在讨论的话题。

大气污染的治理不仅要控车减煤，要推广清洁能源的生产和使用，在控制机动车污染的问题上，应强调运用经济措施而不是行政限制的办法。

全球性的环境恶化和能源紧缺等问题日益凸显，人类可持续发展陷入瓶颈。在2012年，国务院印发了《节能与新能源汽车产业发展规划（2012—2020年）》（以下简称《规划2012》）指出："加快培育和发展节能汽车与新能源汽车，既是有效缓解能源和环境压力，推动汽车产业可持续发展的紧迫任务，也是加快汽车产业转型升级、培育新的经济增长点和国际竞争优势的战略举措。"[5]目前，美国联邦政府和地方政府非常重视充电站等基础设施建设，日本在普及新能源汽车方面居于世界前列，混合动力汽车在全球市场处于顶峰。[6]在当前环境下，各大厂商与科研工作者们开始关注量大、面广，但效率低下的工程机械，尤其是应用领域比较广泛的汽车起重机。就汽车起重机本身结构而言，既具有起重机的特点又具有汽车的特点。面对复杂的工况、多变的负载，汽车起重机的发动机往往运行在低效率区域，燃油经济性差。因此，开展节能减排技术对于汽车起重机来说，势在必行。在改善传统发动机动力性与燃油经济性的方案中，除传统内燃机新技术外，混合动力技术是被普遍认可和接受的。所谓混合动力技术是指由两种或两种以上的动力源共同提供动力用于驱动负载的系统。该系统通过不同动力源之间的协同工作，以充分发挥各动力源的优点为目标，进而实现节能减排的作用。混合动力技术在20世纪初就已被提出，直到20世纪90年代才得到真正的发展和应用。在汽车领域，该技术方案发展比较成熟，借鉴其在汽车领域的成功，在工程机械领域，该技术的应用前景将十分广阔。

1.2 混合动力车辆研究现状

1.2.1 混合动力汽车发展现状

伴随世界能源的紧缺以及人们对环境保护要求的逐步严苛，研究人员在积极寻找可替代的绿色能源的同时，也在积极探索汽车的节能技术。在寻找永不枯竭能源的道路上，人们步履维艰，而混合动力汽车由于其节能、低排放等特点被普遍视为在"零排放"时代到来之前的最佳过渡技术。混合动力汽车能够回收制动时的多余的能量（而这部分多余的制动能量在传统车辆上是被白白浪费掉的），在车辆加速、爬坡等需要大功率时，能够使提供主要动力的传统的发动机和提供辅助动力的二次元件协同工作，可以使发动机工作在最佳工作区，达到节能环保的目的。

混合动力汽车是集机电领域多学科新技术于一体的产品。如果说汽车发动机电控化是汽车的第一次技术革命，那混合动力技术可以称为汽车的第二次革命，这场革命必将引起汽车产业结构的调整。《规划2012》中指出："混合动力技术作为一种可持续、多样化、可再生新能源时代的共性技术，已经成为目前新能源汽车的主流，势必能够得到越来越有效的发展"[7]。混合动力汽车的分类有很多种，多以传统车辆的内燃机作为主要动力源。根据内燃机以外动力源形式，混合动力汽车主要可以分为：油电混合动力汽车（hybrid electrical vehicle，HEV）、机械混合动力汽车（mechanical hybrid vehicles）、油液混合动力汽车（hydraulic hybrid vehicle，HHV，又称液压混合动力车辆）等多种动力形式[8]。

目前，世界上的混合动力汽车多数是油电混合汽车。例如，最早投放市场的日本丰田Prius Hybrid，本田Jazz HE、本田CR-Z、本田Insight、雷克萨斯（凌志）CT200h 200-1、凯美瑞混动版、美国雪佛兰Volt、标志3008混合动力版、雪铁龙DS5DSign Hybrid 4，大众Touareg Hybrid，宝马7系、5系、X1、X5，奔驰S550E，奥迪Q7 e-tron等国外知名品牌，以及上汽荣威ei6、广汽传祺GS4、比亚迪秦100、比亚迪宋DM、吉利帝豪EC7混动版、奇瑞A5 BSG等国内品牌。油电混合动力汽车是许多生产厂家主推的节能汽车的发展方向。

机械混合动力汽车和油液混合动力汽车产品较少，其中机械混合动力汽车由于材料及空间的限制，很少见到民用产品[9-10]，而液压混合动力汽车在国外研究较早，比如美国国家环境保护局（EPA）、Eaton公司、密西根大学等，日本三菱公司、德国的力士乐公司、法国雪铁龙公司等以及国内吉林大学、哈尔滨工业大学、上海交通大学、浙江大学等高校，北京嘉捷博大等汽车企业及各大科研机构也都开展了液压混合动力汽车的研究，纷纷推出了各自的产品,但大都集中在液压混合动力公交车、垃圾清运车、邮政速递车和叉车等产品上,都取得了一定的节能效果[9]。

1.2.2 混合动力工程机械国内外发展现状

由于工程机械属于重载车辆,以及其具有频繁起停的工况特点,耗能大、排放差,这使混合动力技术在工程机械上的应用具有较大的市场潜力。因此,国内外的工程机械科研机构、大学以及企业竞相开展工程机械的混合动力技术研究,以期提高相应工程机械产品的性能,占有更大的市场份额[11]。

1.2.2.1 研究现状

混合动力工程机械在国外研究较早,如HITACHI、VOLVO、JOHNDEERE、CATERPILLAR、凯斯、小松等研究机构和公司都通过对混合动力工程机械的研究,纷纷推出了自己的混合动力产品。

2003年,日本HITACHI公司推出了型号为ZW220HYB-5B的串联式油电混合动力轮式装载机,其串联式结构使系统燃油效率提高26%[12],但该机型相关的技术资料较少,也没有真正投入批量生产。2004年,日本KOMATSU公司推出了型号为HB215LC-1的试验性混合动力挖掘机。该系统燃油消耗及CO_2排放可降低25%。

2008年,瑞典VOLVO公司通过对传统装载机L220F的改装,成功推出了L220F型并联式油电混合动力轮式装载机,该系统利用蓄电池进行存储能量,利用智能载荷感应液压系统,节油率可达10%,L220F Hybrid型混合动力轮式装载机2010年开始上市。2008年6月,日本小松推出型号为PC200-8的20 t级并联式油电混合动力挖掘机,该系统采用超级电容进行储能,与普通型液压挖掘机相比,可降低约25%的能源消耗。2008年,卡特彼勒D7E推土机是世界上第一款混合动力推土机,该机采用油电混合动力系统,具有更好的操控性、更好的机械性能以及更少的燃油消耗,与传统动力系统相比,D7E整体节油25%。

2011年,日本KAWASAKI公司推出了型号为65Z-2的并联式油电混合动力装载机,该系统采用超级电容存储能量,节油率可达35%。2011年美国约翰迪尔（JOHNDEERE）公司成功研制644K串联式油电混合动力轮式装载机，该系统节油率可达25%。之后又推出全新混合动力轮式装载机944K，配备符合EPA Interim Tier 4标准的发动机（IT4），400kW，提供强大的推动力，快速斜爬坡能力。明显地节省燃油为全新944K的最大特色之一，为了降低油耗，当操作员放开油门踏板，在装载机减缓速度的同时，机器的混合动力驱动持续转动，944K型燃油经济性可提高30%[13]。2011年7月，日本日立建机推出了ZH200 Hybrid混合动力挖掘机。其混合动力系统与日立建机自己研发的液压系统相结合，形成了一套独特的系统，经过日立建机试验比较，ZH200比ZX200-3型号挖掘机油耗降低20%以上。2012年，日本小松推出了型号为HB215LC-1的混合动力挖掘机，采用超强电容器存储能量，可提供E0、E1、E2、E3四种工作模式，节能率可达25%。

2012年，美国CATERPILLAR公司推出了型号为CAT336EH的液压混合动力挖掘机[14]，该系统采用液压蓄能器存储回转制动能量，其节油率可达25%。

2013年，慕尼黑宝马展利勃海尔推出油电混合动力挖掘机R9XX，该机具有液压和电能储备模块，将挖掘机回转时的能量收集并储存在能量收集模块中，然后在工作时释放出去，以达到减少排放，提高效率的目的。

2015年，CATERPILLAR推出Cat336D2-XE混合动力挖掘机，其液压混合动力系统采用了一种简单、可靠且经济实惠的解决方案，可减少高达25%的燃油消耗，同时保持与336D2相同水准的挖掘力或提升力，降低机器对燃油质量的要求，同时具有强力模式及省油模式。2017年日立建机推出ZH200-5A混合动力挖掘机，该机集节能、环保、高效等特性于一身，是"2017年度工程机械产品TOP50技术创新金奖"得主，入市以来深受中国客户的好评。与ZX200-5G相比，ZH200-5A混合动力挖掘机在PWR模式下的燃油消耗降低了25%，燃油效率提高了33%，节油效果相当明显。日立建机的TRIAS-HX系统实现了更低燃耗和更少排放。

1.2.2.2 国内研究现状

近20年来，"一带一路"倡议、"中国制造2025"战略、西部开发、旧城改造、城市轨道交通及快速路建设、河道治理等城市基础建设、交通建设、水利工程的需要，极大地促进了工程机械行业的发展，工程机械迎来了第二个春天。国内徐工、三一重工、山河智能、柳工等各大工程机械公司纷纷开展混合动力方面的研究，如：贵州詹阳动力重工有限公司在2007年推出了轮式混合动力挖掘机（型号：JYL621H），该混合动力系统的节油率最高将近20%。2009年，三一重型机械有限公司推出了型号为SY215C的混合动力液压挖掘机，该系统采用双动力驱动系统，动力系统能够自动回收和利用多余动力，动力更加强劲，节油率可达30%以上，作业效率提高25%以上。

2010年，徐州重型机械有限公司推出型号为ZL50G的并联式液压混合动力装载机，该机高效回收制动能，整机动力性能强，最大功率提高20%；作业效率高，制动安全可靠，节能可达25%左右，有效降低尾气排放。2010年，湖南山河智能机械股份有限公司推出了并联式油电混合动力挖掘机SWE230S Hybrid，该机储能元件采用国外最先进的超级电容，开发了可靠高效的能量管理系统，整体节能效果20%以上，同时工作效率得到有效提升。2010年柳工集团推出了型号为CLG862-HYBRID的油电混合动力装载机，该系统采用超级电容作为储能元件，可以节油10.5%以上。同年，柳工集团又推出了CLG922D油电混合动力挖掘机，该系统采用超级电容储存挖掘机回转动能，节能率可达20%。

2011年，安徽合力叉车公司推出了电-电混合动力叉车[15]，其蓄能元件为超级电容和铅酸蓄电池，使得叉车在作业中实时有效回收车辆制动能量和装卸势能，节能效果明显。2014年，湖南山河智能装备股份有限公司推出了型号为SWE350ES的液压混合动力挖掘机[16]，该系统采用液压蓄能器蓄能，节油率将近27%。2014年，山重建机推出了型号为MC386HH-8的履带式液压混合动力挖掘机，该机是"机液混合动力技术"的突破，利用液压蓄能器储能，回收动臂下降势能，该产品在矿山施工作业工况实测节油率为30%，作业效率提高20%，综合节能效果超过35%。2015年，山河智能推出了国内最大吨位的（90 t）液压混合动力挖掘机（型号：SWE900LC），该产品通过势能增压再生降低液压能耗的方法来提高液压能的利用率，节能环保。

浙江大学、同济大学、哈尔滨工业大学、吉林大学等国内知名大学也进行了混合动力的相应研究并取得了一定的成果。

1.2.3 混合动力起重机发展现状

汽车起重机是工程机械中最为重要的机型之一。由于更新换代需求、矿山开采和基建投资增长拉动，起重机的销量稳步增长。由于其工作特点，汽车起重机经常行驶于城市交通环境中。由于起重机本身质量较大，在城市频繁起动加速的行驶工况下需要消耗大量的车身动能，而在车辆起车和加速时又迫使发动机在极为恶劣的低速大扭矩工况下输出巨大功率，因此出现严重的冒黑烟情况，在此情况下汽车起重机存在油耗高、燃油效率低、尾气污染严重等一系列问题。因此，汽车起重机销售数量的增加必然加大燃油消耗和对环境的污染，其节能减排问题不容忽视[17]。无论从保护环境、节约资源维持社会的可持续发展角度，还是从工程机械行业提高自身技术水平，获取行业优势地位的角度，汽车起重机的节能减排技术研究都成为当务之急。

由于混合动力技术在汽车行业中开展研究时间较长，利用现有研究基础能够更快提升技术水平，以汽车起重机为切入点，通过整合高校的理论积累和国内知名企业的技术优势，研究汽车起重机液压混合动力技术，将提高起重机行业的技术附加值和核心竞争力，进而促进整个工程机械行业的技术革新和产业升级，具有巨大的社会和经济效益。

2013年三一重工推出串联式油电混合动力汽车起重机，该机采用多工况组合技术，纯电模式、油电混合模式自由切换，节能效率高达45%；发动机功率优化控制技术，减少发动机保养频率，降低发动机维护成本50%；高性能蓄电池组及高效电能分配技术、蓄电池配重技术等先进技术提供品质保障。

目前国内外对工程机械混合动力的研究较多集中在挖掘机、叉车、推土机等产品上。起重机作为一种广泛应用的工程机械，其混合动力版本的产品种类较为稀缺，目前主要局限于油电混合系统，尚未见到液压混合动力技术的相关产品。由于液压传动具有功率密度大的特点，尤其适用于重负载的工程机械领域。组织开展工程机械领域的液压混合动力系统的共性关键技术研究，缩短与国际先进水平的差距，可以提升我国工程机械产业的技术水平和市场竞争力。

1.3 混合动力系统关键技术分析

1.3.1 混合动力车辆底盘构型

根据系统动力源的耦合方式不同，液压混合动力车辆的底盘构型可以分为三类，分别是串联式（serial）液压混合动力、并联式（parallel）液压混合动力和混联式（serial-Parallel）液压混合动力，三种液压混合动力构型特点各有所长。

1. 串联式液压混合动力系统（SHHV）

串联式液压混合动力系统主要由发动机、液压二次元件、高压液压蓄能器、低压液压蓄能器和双向液压泵等组成。如图1-1所示，串联混合动力技术，需要将机械能转化为液压能，然后再将液压能转化为机械能，因为需要两次能量转换，所以整体的效率会比较低。在这种联结方式下，恒压动力油源由发动机直接驱动恒压变量泵所提供，由于发动机不直接驱动车轮，这样，发动机可以始终工作在高效区域，并且通过改变液压泵/马达的排量，车辆可以实现无级变速[18]。低压蓄能器提供液压油源，高压蓄能器用于存储回收的制动能量，在能量释放时通过液压泵/马达驱动车辆，使液压混合动力汽车在零污染状况下行驶。各动力部件之间非机械连接，去掉了传统车辆的动力传动系统，虽然，SHHV在中低速运行时节油效果优于普通车辆，但由于液压系统的传动效率比机械传动系统的传动效率低，所以，SHHV在高速行驶状态下的油耗反而比普通汽车还要高，所以蓄能器的容量，液压泵及液压泵/马达的功率都不能太小。因此，串联式混合动力系统经常用在公交车上。

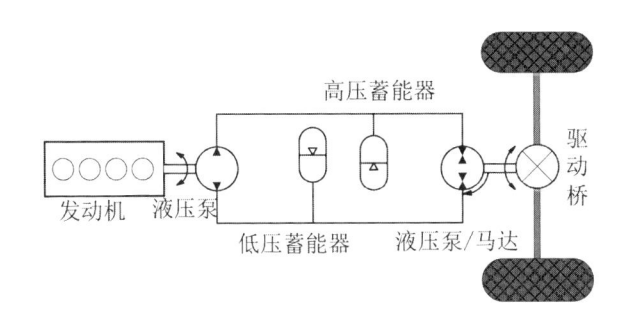

图1-1 液压混合动力构型———串联式

2. 并联式液压混合动力系统（PHHV）

该系统主要由传统内燃机、液压二次元件、转矩耦合器、离合器、高压蓄能器和低压蓄能器组成。如图1-2所示，该构型的主要特点是通过控制相应的离合器，使两个系统既可以同时协调工作，也可以各自单独工作驱动车辆。这样，在液压马达的辅助驱动下，同样底盘的车辆在满足动力性的前提下可以采用功率更小的发动机，真正实现"小马拉大车"，同时可以降低车辆的燃油消耗及有害气体排放。与其他构型相比较，这种构型的发动机能量能够以机械传递方式传递，没有能量转换环节，系统效率高，当发动机和液压马达共同驱动车辆时，动力性能不错，且最大限度地保留了原车的传动系统，结构简单，成本低，因此，此种机构非常适合传统车辆的混合动力改装。这种系统适用于多种不同的行驶工况，尤其适用于复杂的路况。但当蓄能器压力为零时，液压马达无法继续驱动车辆，只能在制动时作为液压泵使用。同时由于系统存在两种动力源，在动力协调分配上需要更为复杂的控制策略及控制系统。

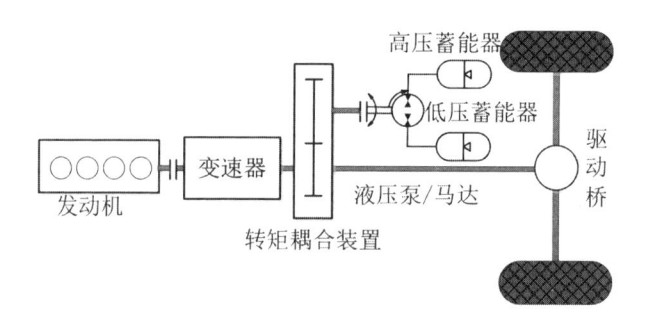

图1-2　液压混合动力构型二——并联式

3. 混联式液压混合动力系统（PSHHV）

该系统是将串联式液压混合动力构型与并联式液压混合动力构型综合在一起而构成的。如图1-3所示，该构型可以让动力源有更多种方式的组合，功率输出更加灵活。所以该系统较其他构型更为高效，是兼顾动力性能与经济性能的最优结构。但由于这种构型结构复杂，控制困难，因而，成本比较高，很少实际应用。

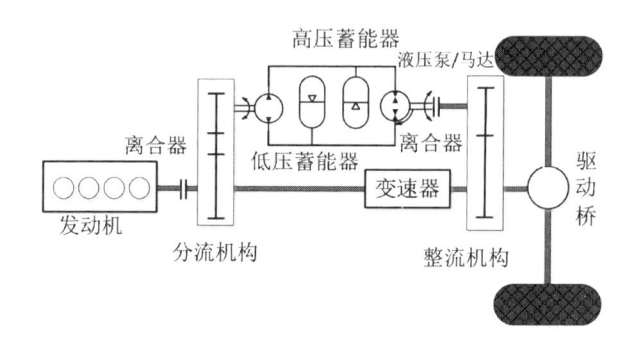

图1-3　液压混合动力构型三——混联式

综上所述，本书将常见的液压混合动力系统构型进行了对比分析，如表1-1所示。

表1-1 液压混合动力系统构型对比分析

模式	构型特点	优点	不足	适用车型
串联式	以液力形式进行耦合,发动机与液压泵/马达无机械连接	能够实现无级变速、起步加速平稳	系统效率低;不适合高速	低速中重型车辆
并联式	以机械形式进行耦合,发动机与液压泵/马达通过转矩耦合器连接	结构简单、技术难度低、制造成本低、适合改装	控制系统较复杂;不能无级变速	大型城市公交、工程行走机械和高速行驶的车辆
混联式	同时装有串、混联系统	兼顾串、并联的优点,动力性与经济性兼顾	结构复杂,成本高	应用很少

1.3.2 储能技术

1.3.2.1 油电混合动力储能技术

油电混合动力车辆的储能装置有蓄电池、超级电容,或二者结合的方式。目前,油电混合动力车辆的主要储能介质为动力电池组,其中应用较多的蓄电池有铅酸(Pb-A)电池、镍氢(Ni-MH)电池和锂离子(Li-ion)电池等[19]。铅酸电池质量大,不能快充深放,循环寿命短,当密封不当或损坏时,充电末期分解的氢、氧气体溢出时携带酸雾,腐蚀周围设备并污染环境,限制了电池的使用;锂离子电池具有性能差、价格高和安全性问题[20],目前还不适于混合动力汽车的发展;镍氢电池功率高、无污染、充放迅速、安全性能好,被大量应用在油电混合动力车辆上[21]。

评价储能元件的性能常用能量密度和功率密度两个指标,也叫比能量和比功率。纯电动汽车要求电池组有较大的比能量,与纯电动汽车不同,油电混合动力车辆所采用的动力电池组由于电池连续工作时间短,当充电或放电时瞬间峰值电流比较大,对电池容量要求不高,它要求动力电池组具有较大的比功率。比功率越大,电池放电或充电的速度就越快[22]。

三种车用大型蓄电池对比,如表1-2所示,通过比较可以发现,这几种电池技术都有各自的优点和缺点,没有一种电池技术在每个方面的性能都占有优势地位，这也是混合动力汽车应用领域不同种类电池共存的原因。

表1-2 三种车用大型蓄电池对比[23]

项目	Pb-A	Ni-MH	Li-ion
比能量/（W·h/kg）	30~50	60~70	100~150
功率/（W/kg）	130	170	300
体积能量密度/（W·h/L）	60~75	140~490	250~360
循环寿命/次	500~800	500~1 500	400~2 000
单体电压/V	2.105	1.2	3.7
自放电率/（%/month）	10~35	15~35	2~5

虽然目前很多混合动力汽车与混合动力工程机械均采用油电混合动力技术，但仍有许多技术难题没有被攻克，比如：如何处理达到使用寿命的蓄电池问题，处理不当的大量的电池势必会造成对环境的更大的污染。此外，由于电池的单体电压较小，为了获得较大的功率，大多的串联式动力电池组存在高压电的安全隐患[24]，比如："当电池发生短路或电解液泄漏时均可能引起剧烈的爆炸和燃烧；电池化学反应产生的有害物质也会对司乘人员造成潜在的伤害等。这些都是影响混合动力电动汽车的实用前途"[25]，导致油电混合动力汽车的发展受到制约而未大规模产业化的原因。

超级电容（ultra-capacitors）大多是电化学电容器，是近年来新兴的电储能装置，功率密度高、充放电迅速、适用温度范围宽、寿命长。超级电容电动车的制动能量回收能力、车辆的动力性能较为优异，使用寿命较长，但续航里程较短。而超级电容和其他能量元件（蓄电池、燃料电池等）并联组成的复合式电源[26]（或叫复合电堆），在功能特性上具有互补性，解决了纯超级电容电动汽车行驶里程较短的缺点，改善动力型蓄电池的工作条件，电池充放电平稳，延长电池的使用寿命，使续驶里程进一步延长。国外已开始研究超级电容在汽车驱动系统中的应用[27]，在我国，复合能源动力汽车刚刚进入研究的起始阶段，其能量密度低于蓄电池（7~10 Wh/kg）且成本高。

1.3.2.2 机械混合动力储能技术

机械混合动力的储能装置是飞轮，因此机械混合动力又称飞轮储能技术。飞轮储能技术（flywheel energy storage technology）是利用高速旋转飞轮来存储和释放能量。其工作原理是：将车辆在制动以及减速过程中的动能通过能量转换装置转换为飞轮高速旋转的动能；当车辆再次起动或者加速时，再次通过能量转换装置，高速旋转的飞轮将其存储的动能转化为车辆的动能。其能量转换过程如图1-4所示。

图1-4 飞轮储能式制动能量再生系统原理图

飞轮是一个做定轴转动的旋转体，利用飞轮储能是工业中一项广泛采用的技术，具有比功率高、造价低、寿命长的特点。随着材料技术的发展，飞轮储能技术成功应用在F1赛车上。2009年，能量回收系统KERS（kinetic energy recovery systems）被引入到F1赛车的动力系统上。目前，德国Magnet Motor等几家公司对飞轮混合动力系统的研究比较多，技术比较成熟。飞轮储能技术的传动效率可达95%~98%，因此，与其他储能方式相比其储能效率最高。

根据相关理论，飞轮能储存的动能与飞轮的转动惯量以及旋转角速度的平方成正比。储存的能量 E 可表示为

$$E = \frac{1}{2}J\omega^2 \tag{1.1}$$

式中：J 为飞轮转动惯量，$kg \cdot m^2$；

ω 为飞轮转动角速度，rad/min。

因此，通过式（1.1）可知，要想提高飞轮的储能能力，可以通过下面

的方法。

第一种方法：增加飞轮转子的转动惯量。而圆柱体的转动惯量可以通过下面的计算公式求得。

$$J = \frac{1}{2}mr^2 \qquad (1.2)$$

式中：m 为飞轮的质量；

r 为飞轮的半径。

由式（1.2）可知，飞轮的转动惯量与飞轮的质量、半径的平方成正比，即飞轮的转动惯量随着飞轮的质量及其半径的增大而增大。但是，飞轮半径的增大，不得不考虑飞轮尺寸受空间限制的问题。因为，随着飞轮半径的增加，其体积将越来越大，对空间的要求较高，在有限的空间内的应用将受到限制。另外，如果飞轮尺寸增加，由于惯性，飞轮所受的应力也将变大，极易破坏飞轮。所以，应尽量限制其尺寸，通过增大飞轮质量的方法来提高飞轮的转动惯量。但质量的增加必然会对车辆的性能产生影响，如燃油经济性以及转弯时的稳定性。由于机构笨重，增加半径的方法显然不适合汽车工业，可用于固定应用场合，如：冲压等机械。

第二种方法：提高飞轮的旋转速度。但此种方法会受飞轮材料的许用应力的限制，要保证飞轮轮缘材料在离心力作用下不会因强度不足而断裂；另外飞轮在连续超高速旋转时对轴承及润滑油提出了更高的要求，应减少摩擦力所消耗的能量对储能效率的影响[28]。

由于飞轮储能技术扭矩输出小，能量存储时间有限，在民用混合动力车上应用很困难。另外，飞轮高速旋转时产生较大的螺旋转矩会明显影响到车辆的操纵性能，飞轮的轴承以及为了减小风阻而使用的包装真空容器都是亟待解决的技术难题[29-30]。

1.3.2.3 液压混合动力储能技术

液压混合动力储能技术（hydraulic hybrid energy storage technology）的实质是将较高能量密度传统内燃机和较高功率密度的液压辅助动力装置有机地组合在一起并协调控制，达到动力性能要求的同时，兼顾节能环保等特性，因此也成为混合动力技术的重要发展方向之一[31]。液压混合动力技技术节能机理是利用液压泵/马达元件可在四象限工作的特性，回收车辆的制动能量并存储于高压液压蓄能器中，在驱动时通过控制策略的管控作用辅助发动机工作，起到节能减排的作用。

液压混合动力储能技术是利用液压储能器作为储能装置的，在车辆制动时，将制动能量利用二次元件转换为液压能储存在高压蓄能器中，相对于蓄电池及超级电容，液压蓄能器具有功率密度高、循环效率高及能量释放充分等特点[32]。液压储能器可以分为重力式、弹簧式和充气式三种[33]。目前，应用比较广泛的是气囊式蓄能器，通过压缩蓄能器内的气体来进行能量的充放，具有频率响应快、工作寿命长等优点。但在气体压缩的过程中存在热损失。为了解决这个问题，有些研究者将橡胶材质泡沫填入到气囊内，使得其效率大大提高；用纤维缠绕技术可以使其重量大大降低，也能大大地提高其能量密度和功率以及效率。

能量储存装置的性能对提高混合动力系统的节能效果有重要影响。表1-3比较了蓄电池、超级电容、飞轮及液压蓄能器的性能。从表中可见，四种储能装置中，液压蓄能器的技术成熟，质量轻，储能效率高，使用寿命较长，污染小，性能稳定可靠且成本最低，功率密度最大。

表1-3 三种混合动力储能技术性能比较

混合方式	油电混合动力		机械式混合动力	液压混合动力
储能元件	蓄电池	超级电容	飞轮	液压蓄能器
比能量/(W·h/kg)	65~120	1~10	5~150	0.2~5
功率密度/(kW/kg)	0.01~0.3	0.2~4	0.5~11.9	2~300
储能效率/%	70~80	90	90	90
使用寿命/年	1~7	>20	>20	≈20
环保性	差	好	好	好
成本	较低	较高	较低	低
设备重量	较重	较轻	重	轻
技术成熟度	成熟	一般	一般	成熟

燃料电池、蓄电池、飞轮和超级电容等的能量密度较高，功率密度较低，能量释放时间长；虽然液压蓄能器能量密度没有燃料电池、蓄电池及飞轮的高，但其功率密度较高，能量充放快，满足制动时能量快充与快放的要求且能承受更多的充/放能循环。因此，液压混合动力系统具有更大的功率输出，更强的驱动能力，更能适应中重负载、频繁起停、大功率高频能量交换的工况，在军用车辆、大中型公交车、工程机械上有更强的应用优势[34]。

1.3.3 混合动力车辆的控制策略

与传统的车辆结构相比，混合动力车辆的结构更为复杂，需要能量管理及控制策略的协调，来满足驾驶员对牵引功率的需求，维持蓄能器的压力与优化传动效率、燃油经济性与排放性等。能量管理策略用来规划车辆的传动系统的工作规则的某种算法，对能量的传递进行管理，以实现能量的最大化利用，通常是在车辆的中央控制器中实现的。混合动力车辆的控制策略实质就是对转矩和功率的分配进行控制，其控制效果的好坏将直接影响到混合动力车辆的工作动态及节油效果，因此，混合动力车辆的核心问题就是控制策略的研究[35]。目前，混合动力车辆的控制策略以控制辅助动力源的转矩为主。一般地，基于转矩的混合动力车辆的控制策略具有以下几种。

1. 静态逻辑门限控制策略

这种控制策略的特点是限定液压二次元件、电机和发动机的工作点，主要是根据门限参数，如：车速、发动机工作转矩和储能装置的SOC（state of charge）上下限等参数进行调节的。同时为了提高车辆的整体性能，可以根据车辆行驶过程中的实时参数调整各元件的工作状态。该控制策略的优点明显，较易实现，但由于门限参数的设置问题，车辆很难发挥最优的燃油经济性，而且静态参数不能保持适应，致使整机的效率不能达到最优状态。

2. 基于瞬时优化的控制策略

针对静态逻辑门限控制策略无法达到系统性能最优的问题，基于瞬时优化的控制策略多采用"瞬时最小功率损失法""瞬时最小等效燃油消耗量最少"等方法。其中，"瞬时最小等效燃油消耗量法"是将电量消耗折算成发动机的油耗。在系统运行时，原则上是以动力系统能达到最小的等效油耗，确定马达的工作点，并通过这种方式，来控制发动机的工作点，以达到提高燃油经济性的目的。理论上，尽管"瞬时最小等效燃油消耗量法"可以实现混合动力系统的性能达到最优的目的，但是，在整个工作过程中，这种方法却很难保证混合动力系统达到最优，而且混合动力系统的动态性能对瞬时优化控制策略的影响会很大，此外，很难控制发动机的工作点。除此之外，该控制策略具有很大的计算量，难以实时控制。

3. 模糊控制策略

模糊控制策略的原理就是通过制定一系列的模糊规则，由模糊运算实时输入参数，从而得到发动机与液压马达的控制参数，并据此来任意切换混合动力的各种模式。与静态逻辑门限控制策略相比，模糊控制策略具有控制效果更好的特点，它不仅可以实测数据，而且可以分析系统工作需求，具有一定的合理性与实用性。

4. 基于全局最优的控制策略

在对混合动力系统进行控制时，该控制策略的原理是以最优控制理论以及优化方法进行控制。全局最优控制策略按照不同的优化方法主要分为：多目标数学规划方法、古典变分法、动态规划（dynamic programming，DP）等三种控制策略。尽管全局最优的控制策略可以实现混合动力系统的全局最优化控制。但由于该策略的控制算法十分复杂、计算量庞大，因此，该策略的实时控制效果较差，往往不能满足对实时性要求较高的系统。

在混合动力系统中，控制策略起到举足轻重的作用，在兼顾动力性和燃油经济性的同时，要考虑到尾气的排放性能。同时，还要考虑到成本、部件间的可靠性、储能元件的寿命等因素。好的控制策略应该兼顾上述要求，这也是科研工作者们一直努力的方向。

1.4 问题的提出及主要研究内容

1.4.1 问题的提出

无论是从环境保护、资源节约和社会可持续发展的角度出发，还是从提高工程机械行业技术水平、赢得行业竞争优势的角度考虑，汽车起重机的节能技术研究都显得尤为迫切，亟须加速开展。本书针对传统汽车起重机装机功率大、整车质量重、起动制动频繁的结构和工况特点，研究适合于汽车起重机混合动力系统的结构、动力元件的参数匹配方法及能量控制策略，以提高汽车起重机的节能效果。本书基于校企合作项目——"汽车起重机底盘液压混合动力系统开发"的前期成果进行深入研究，以50 t级汽车起重机底盘为研究对象，在对液压混合动力系统进行相关理论研究的基础上，通过计算机仿真和试验对并联式液压混合动力系统进行了较为详细、深入的研究，为以后的产业化升级提供理论和实践基础。

1.4.2 主要研究内容

针对前面所述问题，本书将主要研究以下内容：

（1）对混合动力技术在汽车、工程机械等领域的发展现状进行分析，着重分析混合动力车辆的底盘构型、储能技术以及控制策略等关键技术，针对当前研究中存在的不足，确定以并联式液压混合动力构型为研究目标，提出了前置并联式液压混合动力结构并进行了详细阐述。

（2）详细介绍了前置并联式液压混合动力系统的建模方法和过程，并针对系统中液压蓄能器及液压二次元件等关键部件建立仿真模型、设置参数、仿真分析以及后处理，为后续的工作奠定良好的基础。

（3）对混合动力系统的关键元部件进行多目标参数匹配，研究关键元部件的规格和系统工作参数的选择准则，从多因素角度考虑，分析了多目标优化问题中矢量解的占优关系和求解方法，提出了参数匹配的目标及优化匹配方法并权衡动力性与经济性，进行优化匹配。

（4）基于汽车起重机混合动力系统的结构和工况特点，分析整车行驶的模式及能量管理策略，充分考虑制动能量再生与利用以及主动充能工况，对整个动力系统的控制策略进行详细的分析与制定，为后文仿真研究与试验研究的控制提供基础。

（5）基于LMS Imagine.Lab AMESim仿真软件分别建立液压混合动力汽车起重机与传统汽车起重机的整车仿真模型，并根据实车参数对仿真模型进行相应设置，结合混合动力车辆相关性能评价指标，选择具有代表性的工况，分别就混合动力车辆的整体性能、制动效能、动力性能、燃油经济性以及平顺性进行仿真，并分析了基于规则的能量管理策略对系统动态性能的影响。

（6）对传统汽车起重机底盘进行改装，开发前置并联式液压混合动力起重机试验样机并进行一系列实际工况的测试与分析，验证理论分析与仿真结果正确性，完善不足。

第2章 液压混合动力起重机系统数学建模研究

2.1 引言

液压混合动力起重机的研发过程中需要考虑很多问题，比如液混的驱动系统的结构问题、参数匹配问题及控制策略的优化问题等。对于具有大量的线性与非线性环节共存的并联式液压混合动力的控制系统，计算机仿真技术能够快速地使其达到稳定的行驶条件以及优秀的节能减排效果。它可以在整个产品开发过程中预测及评估系统性能，从而找到在一定约束条件下的最佳方案。缩短系统的开发时间并节约成本[36]。为使仿真结果尽可能真实可信，液压混合动力起重机的三大主要系统关键部件的数学模型和整车的纵向上的动力学特性将在本章中得到分析，在其结构和工作原理的基础上，在满足精度的前提下，将模型适当简化，通过建立数学模型，分析和找出影响系统性能的主要因素，为后续的仿真分析打下理论基础。

2.2 液压混合动力起重机系统原理

由前面章节的分析可知，在拥有各自特点的三种混合动力系统中，混联式动力系统具有较大的开发难度和较高的开发成本，相比并联式有很多优点，如比较高的燃油经济性等[31]。根据液压混合动力起重机的运行特点和发动机功率使用情况，同时考虑到尽量对现有起重机底盘改动小以及控制混合动力系统成本等问题，本书决定采用结构简单、适用于城市工况的前置并联式液压混合动力系统，其系统结构及组成如图2-1所示。该系统主

第2章 液压混合动力起重机系统数学建模研究

要由包含传统内燃机的主动力系统和包含液压泵/马达的液压辅助动力系统组成，两套系统通过转矩耦合器连接在一起，形成液压混合动力系统。其中，主动力系统由传统的内燃发动机、手动变速箱、液压离合器、油门踏板、制动踏板、驱动桥等构成；辅助动力系统由二次元件、转矩耦合器、液压蓄能器等控制单元等组成。

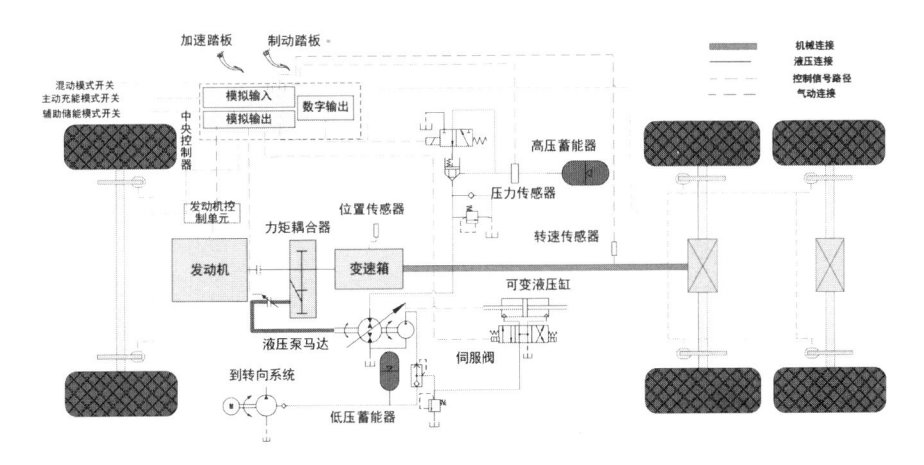

图2-1　前置并联式液压混合动力起重机-底盘系统结构示意图[37]

前置并联式液压混合动力系统的工作原理：在系统中，发动机和液压二次元件的转矩通过转矩耦合装置以并联方式进行转矩耦合，主要动力由发动机提供，辅助动力系统作为辅助动力源，用于回收和利用再生制动能量。在此过程中，利用制动踏板行程和加速踏板行程作为驾驶员的控制命令，来调整液压二次元件的工作象限，从而调整液压二次元件的工作模式（泵工况/马达工况）。蓄能器阀口会开启释放再生制动能，带动液压二次元件旋转。当车辆起动加速时，如果高压蓄能器中储存有足够的压力能且发动机将怠速运行或者关闭，此时，液压泵/马达处于液压马达工况，液压辅助动力系统作为主动力源负责驱动车辆经转矩耦合装置和变速箱后传递到车辆驱动轴及驱动轮，从而驱动车辆。发动机开始带载工作并直接工作于经济工况，在液压蓄能器放能完毕或车辆达到一定速度后，达到节能减排效果。此时不会提供驱动车辆的动力，因为解除了车辆传动系统与液压混合动力系统的耦合关系。而当车辆制动时，液压混合动力系统又重新与车辆的传动系统建立耦合关系，此时，液压二次元件处于泵工况——液压泵被以一定速度旋转的车轮通过传动系统带动运转，这样，车辆制动能量就以液压能的形式存储在液压混合动力系统的高压蓄能器中，并且，随着制动距离的增加，液压蓄能器中的压力将持续升高，直到达到设定的安全阈值后为止，多余的制动能量通过蓄能器的安全阀溢流，此时，机械制动系统介入制动，此过程即为制动能量再生过程。便于车辆又一次启动利用，于是混合动力车辆能量的回收及再利用过程被完成了。

2.3 液压混合动力起重机整车模型

2.3.1 建模思想

对混合动力系统进行仿真分析，首先要对系统进行建模。混合驱动系统按各部分功能可以分为发动机、蓄能器、液压二次元件以及传动系统。根据仿真过程中信息流的流动方向，计算机仿真一般可以分为前向仿真和后向仿真。合理、准确的车辆模型是正确模拟和分析混合动力起重机性能的关键。

逆向仿真建模方法，如图2-2所示，是以给定驾驶循环的车速为基础，来计算混合动力车辆中各个部件性能的仿真方法。由于它假设给定的驾驶循环的速度是车辆的速度，因此，在后向仿真建模方法里不需要驾驶员模型。它直接输入循环工况车速轨迹，获得系统的必要参数，根据能量管理策略对发动机和液压二次元件的应承扭矩和功率进行分配。这种计算方法通过转换车辆线速度得到需要的旋转速度，沿着传动系统按部就班向后传递的功率流具有和车辆实际驱动功率流相反的方向，并且实际车速与目标车速没有偏差。能量耗散的评价可以添加效率计算模块后进行评价，最后计算出满足行驶工况的油耗和能量消耗量。逆向仿真没有驾驶员模型，所以计算速度很快，适用于不同设计方案之间的比较和评价[38]，经常被用作研究车辆的燃油经济性，但不能正确反映车辆行驶的真实情况，从而影响了仿真效果。因此，不适合计算汽车最佳性能。

正向仿真建模方法与逆向仿真建模方法不同，会建立驾驶员模型，按照车辆行驶的实际操作模式构建仿真平台，是前向建模方法，如图2-3所示，司机对油门和刹车的控制是根据实际速度和目标速度之间的偏差进行的。当功率的流动方向是从发动机流过变速器最后到达车轮时，即为正向建模的驱动模式。这种制动方式的转矩流的方向最终流向车轮。驾驶员模型对于建模是必要的，功率和转矩换算模块的输入为驾驶员模型的输出，可以充分考虑驾驶员的意图。

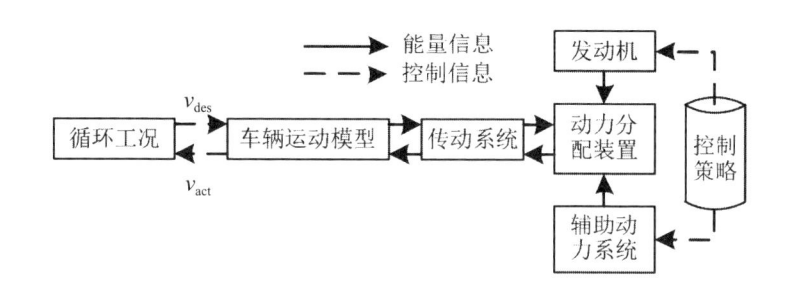

图2-2 逆向建模方法示意图

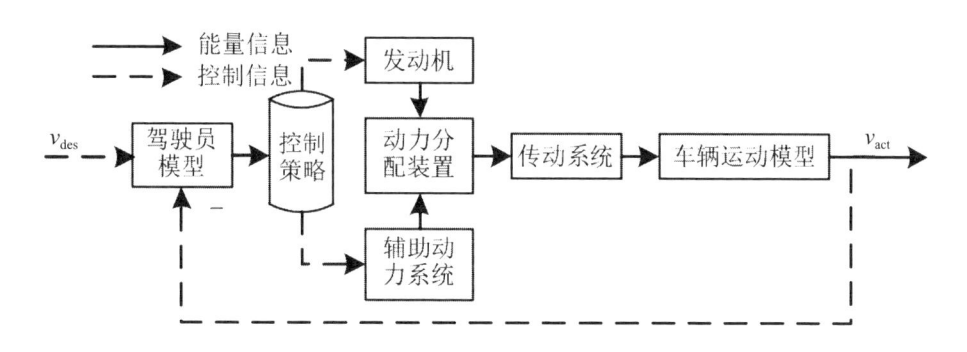

图2-3 正向建模方法示意图

发动机输出的功率基于驾驶员功率和转矩换算模块通过正向建模的方式计算。最终车辆实际的行驶情况由车轮的输出转矩转速获得。由于各部件之间的连接仿真车辆模型更接近现实的模拟方法的精确算法，但计算量太大而且比较耗费时间。正向建模方法经常被用作研究像燃油经济性与排放这类短暂的车辆性能。

混合动力系统结构的复杂性，使其既具有连续变量又具有离散变量，对这样的系统进行仿真，采用稳态和动态相结合的方法比较合理。本节将正向建模（辅）与逆向建模（主）相结合建模，使仿真结果更接近于实际。

并联式液压混合动力起重机仿真模型——顶层逻辑框图，如图2-4所示，包括驾驶员模型、循环工况及期望速度、动力系统模型（包括液压二次元件模型、发动机模型以及液压蓄能器模型等）和车辆动力学模型。通过再生制动能量的回收与释放，并联式液压混合动力起重机实现了对能量的有效利用，使发动机工作在经济区域附近，进而提高整车燃油经济性，同时减少了有害气体的排放。

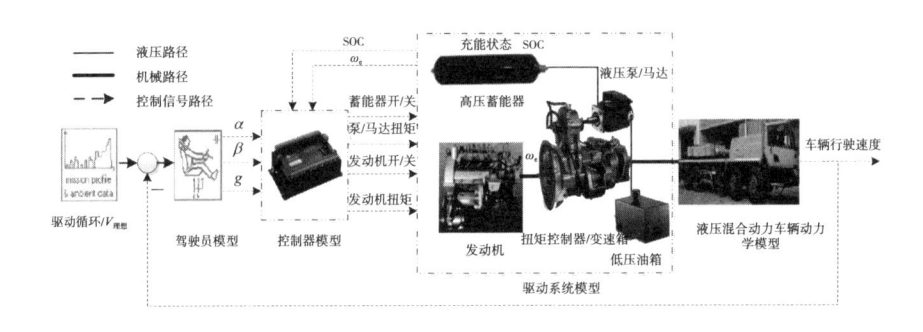

图2-4 并联式液压混合动力起重机仿真模型——顶层逻辑框图

2.3.2 整车纵向动力学模型

为了使计算简化，假设车辆是一个带有四个轮子的刚体，车辆的质量集中在一个点上并假设车辆在坡度为 α 的道路上加速行驶，如图2-5所示，在驱动的车辆上存在各种力如驱动力和各种阻力的共同作用。主要的驱动力是发动机和液压混合动力系统提供的。由滚动阻力、空气阻力、坡度阻

第2章 液压混合动力起重机系统数学建模研究

力等组成的阻力中，一直存在的力是滚动阻力和空气阻力，仅在一定条件下存在的力是坡度阻力和加速阻力。下列力的平衡方程描述车辆的动态过程。

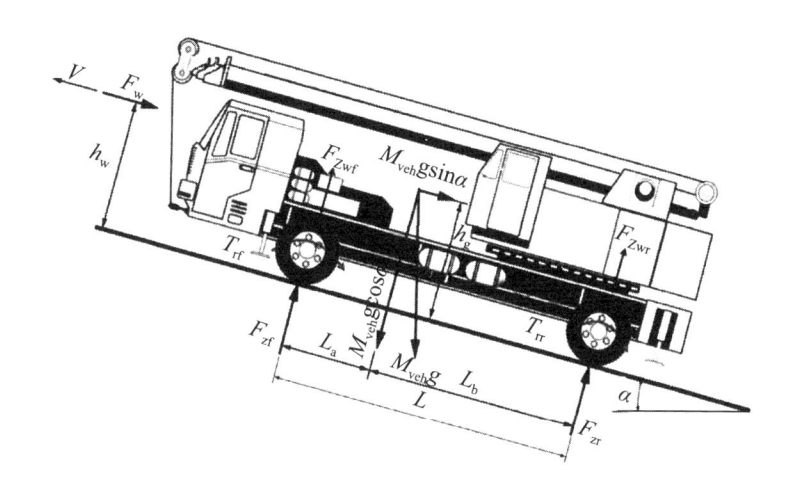

图2-5 汽车起重机加速上坡受力图

由于液压混合动力车辆的设计初衷是不改变驾驶员的正常驾驶习惯，所以，混合动力车辆在行驶过程中的动力方程与传统车辆可以视为相同。假设混合动力车辆行驶在与水平方向成 α 角的斜坡上，行驶轨迹为直线，忽略轮胎变形产生的力偶矩时，由牛顿第二定律，车辆驱动力平衡方程为：

$$\sum_{i=1}^{n} F_i = M_{veh} a \tag{2.1}$$

即

$$F_t - F_f - F_w - F_g = \delta M_{veh} \frac{dv}{dt} \tag{2.2}$$

式中：F_t 为车辆行驶驱动力，N；F_f 为车辆行驶滚动摩擦阻力，N，$F_f = Gf_r \cos\alpha = M_{veh} g f_r \cos\alpha$，其中，$f_r$ 为路面滚动阻力系数（其数值由实验确定），α 为道路坡度角，°；F_w 为车辆行驶空气阻力，N，车辆行驶时，空气阻力与气流相对速度的动压力成比例，即 $F_\mathrm{w} = \frac{1}{2} C_\mathrm{D} A \rho v_r^2$，其中，$C_\mathrm{D}$ 为风阻系数，A 为迎风面积，m^2；v_r 为相对风速的车速，$\mathrm{km/h}$；ρ 为空气密度，一般取 $\mathrm{N \cdot s^2 / m^4}$；在不考虑风速的情况下 $F_\mathrm{w} = \frac{C_\mathrm{D} A v^2}{21.15}$，其中，$v$ 为车辆速度，$\mathrm{km/h}$；$\sum_{i=1}^{n} F_i$ 为车辆行驶时所受合力，N；M 为车辆行驶时的总质量，$M = \delta M_\mathrm{veh}$，$\delta$ 为车辆旋转质量换算系数[①]，$\delta > 1$，即 $\delta = 1 + \delta_1 + \delta_2 = 1 + \frac{1}{M_\mathrm{veh}} \cdot \frac{\sum I_\mathrm{w}}{r^2} + \frac{1}{M_\mathrm{veh}} \cdot \frac{I_\mathrm{f} i_\mathrm{g}^2 i_0^2 \eta_\mathrm{T}}{r^2}$，其中 I_w 为车轮的转动惯量，$\mathrm{kg \cdot m^2}$；I_f 为发动机的转动惯量，$\mathrm{kg \cdot m^2}$；M_veh 为车辆总质量，kg；a 为车辆行驶加速度，$\mathrm{m/s^2}$，$a = \frac{\mathrm{d}v}{\mathrm{d}t}$；$F_\mathrm{g}$ 为车辆行驶坡度阻力，N，$F_\mathrm{g} = M_\mathrm{veh} g \sin \alpha$。

车辆的附着力取决于附着系数以及驱动轮与地面作用的法向反作用力。而法向反作用力受车辆的总体布置、车身形状、行驶状况及道路的坡度的影响。车辆驱动力的大小由地面法向反作用力 F_Zr 以及附着系数 φ 决定。忽略空气阻力，则后驱动轮地面法向反作用力 F_Zr 为：

$$F_\mathrm{Zr} = M_\mathrm{veh} \cdot g \left(\frac{L_\mathrm{a}}{L} \cos \alpha + \frac{h_\mathrm{g}}{L} \sin \alpha \right) + \delta M_\mathrm{veh} \frac{h_\mathrm{g}}{L} V \quad (2.3)$$

式中：F_Zr 为驱动轴地面法向反作用力，N；L_a 为前轴到车辆质心之间的距离，m；L 为前轴与后轴的距离，m；h_g 为重心高度，m。

将各个系数代入式（2.2）可得车辆驱动力方程为

$$F_\mathrm{t} = E_\mathrm{f} + \frac{C_\mathrm{D} A v^2}{21.15} + M_\mathrm{veh} g \sin \alpha + \delta M_\mathrm{veh} \frac{\mathrm{d}v}{\mathrm{d}t} \quad (2.4)$$

若忽略轮胎变形产生的力偶矩时，式（2.4）可转化为

$$F_\mathrm{t} = M_\mathrm{veh} g f \cos \alpha + \frac{C_\mathrm{D} A v^2}{21.15} + M_\mathrm{veh} g \sin \alpha + \delta M_\mathrm{veh} \frac{\mathrm{d}v}{\mathrm{d}t} \quad (2.5)$$

---

① 车辆旋转质量换算系数——主要与传动系的传动比有关。

2.3.3 车轮模型

以两轮驱动为例，来说明驱动轮提供的车辆所需驱动力。假设各车轮的滚动半径以及驱动力是相同的，且约等于自由半径，则单一驱动轮提供的输出转矩

$$T_s = \frac{T_w}{i_w} = \frac{F_t r}{2i_w} \quad (2.6)$$

式中：T_w 为由驱动轮提供的输出转矩，N·m；r 为车轮的半径，m；T_s 为单一驱动轮提供的输出转矩，N·m；i_w 为驱动轮的减速比。

假设驱动轮不打滑，则车体的位移为

$$S_{veh} = r\int \omega_w dt = \frac{r}{i_w}\int \omega_s dt \quad (2.7)$$

式中：S_{veh} 为车体的位移，km；ω_w 为车轮的角速度，rad/s；ω_s 为单一车轮的角速度，rad/s。

2.3.3.1 车轮驱动模型

车辆发动机或液压二次元件产生的转矩，经传动系传至驱动轮上，此时，对驱动轮的反作用力 F_t 即是驱动车辆的外力，此外力称为车辆的驱动力，其数值为

$$F_t = \frac{T_t}{r} = \frac{T_{tq} i_g i_0 \eta_T}{r} \quad (2.8)$$

式中：T_t 为驱动轮的转矩，N·m；r 为车轮的半径，m；T_{tq} 为发动机的转矩，N·m；i_g 为由变速器提供的传动比；i_0 为减速器的传动比；η_T 为传动系的机械效率。

图2-6是驱动轮在硬路面上等速滚动时的受力图。从图中可以看出，真正驱动车辆行驶的力为 F_{X2}，它是驱动力矩 T_t 所引起的道路对车轮的切向地面反作用力。由于轮胎迟滞现象，法向反作用力 F_z 使轮胎向前移动距离 a，也就是相当于在驱动轮上施加一个滚动阻力偶矩 T_f [39]。因此，根据平衡条件，驱动力 F_{X2} 等于驱动力 F_t 减去驱动轮上的滚动阻力 F_f。即

$$F_{X2} \cdot r = T_t - T_f \quad (2.9)$$

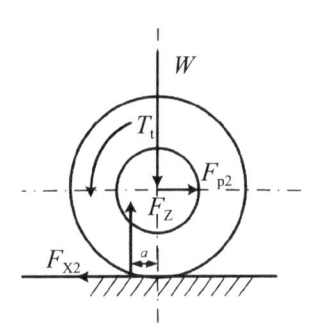

图2-6 驱动轮在硬路面上滚动时的受力图

$$F_{X2} = \frac{T_t - T_f}{r} = F_t - F_f \quad (2.10)$$

联合驱动时车辆的驱动力方程为

$$F_t = F_e + F_{P/M} \quad (2.11)$$

式中：F_e 为发动机提供驱动力，N；$F_{P/M}$ 为液压再生驱动力，N。

发动机提供驱动力为

$$F_e = \frac{T_e i_0 i_g \eta_e}{r} \quad (2.12)$$

式中：T_e 为发动机提供转矩，N·m；η_e 为发动机的传动效率。

而液压二次元件此时所提供的驱动力为

$$F_{P/M-t} = \frac{T_{\square\square\square\square\square\square} \eta}{r}$$
$$= \frac{p_1 \cdot V_{P/M-max} i_{P/M-wheel} \eta_{P/M-wheel} \eta_{P/M-m}}{2\pi} \quad (2.13)$$

式中：$i_{P/M-wheel}$ 为液压泵/马达输出端到车轮的总传动比；$\eta_{P/M-wheel}$ 为液压泵/马达输出端到车轮的总传动效率；$\eta_{P/M-m}$ 为液压泵/马达机械效率。

从前面的分析可知，动力装置是决定车辆动力性能的一个主要因素。加速能力随着驱动力的增大而变好，爬坡能力也强。不过这个结论只是在轮胎-路面有足够大的附着力时（比如良好轮胎在干燥的水泥路面上）才能成立。如果在潮湿的沥青路面上（附着性能差时），大的驱动力可能引起车轮在路面上打滑转动。因此，车辆的动力性能主要受轮胎与地面的附着条件和驱动力的影响。其中，附着力是地面对轮胎切向反作用力的极限值，用 F_φ 表示。如果是在硬路面上，附着力与驱动轮法向反作用力 F_Z 成正比[40]，即

$$F_{X\max} = F_\varphi = F_Z \varphi \qquad (2.14)$$

式中：φ 为附着系数，它由路面与轮胎决定，良好的混凝土或沥青路面上，路面干燥时 φ 值为 0.7~0.8，路面潮湿时为 0.5~0.6。

因此，为了防止驱动轮打滑，附着力必须大于由驱动轮上的转矩 T_t 引起的地面切向反作用力。那么，后驱车辆行驶的附着条件为

$$\frac{T_t - T_f}{r} = F_{X2} \leqslant F_{Z2} \varphi \qquad (2.15)$$

2.3.3.2 车轮制动模型

车辆只有受到与行驶方向相反的外力才能从一定的速度制动到较小的车速或直至停车。一般地，这个外力只能是空气阻力和地面的摩擦阻力。在速度较低的情况下，空气阻力较小，可以忽略不计。这时，只有地面的摩擦阻力提供制动。作为与地面相接触的唯一载体——车轮，其受力及稳定性对车辆的制动性能具有决定性的影响，同时也影响着液压混合动力系统的整体回收效果。当车辆在良好的硬路面上制动时，车轮的受力情况如图 2-7 所示。忽略了滚动阻力矩和惯性力和惯性矩的减速度，从力矩平衡得到车轮对地面的制动力为

$$F_{Xb} = \frac{T_\mu}{r} \qquad (2.16)$$

式中：F_{Xb} 为地面对车轮的制动力，N；T_μ 为车轮制动器的摩擦力矩，N·m。

地面的制动摩擦阻力是车辆在刹车减速行驶时的外力，它主要取决于刹车中的刹车摩擦片和刹车鼓或刹车盘之间的摩擦力以及轮胎和地面之间的摩擦力——附着力[41]。

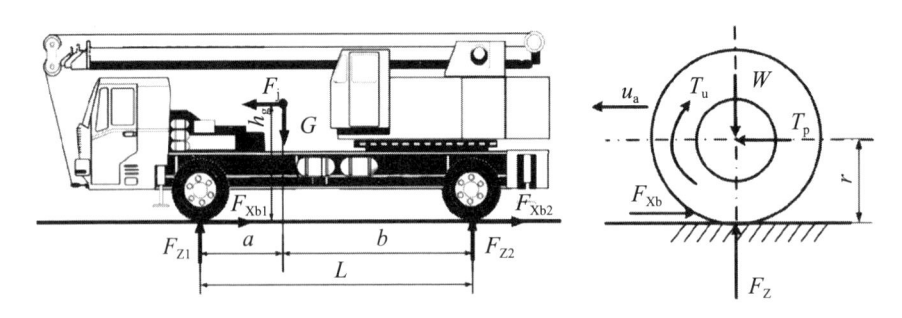

图2-7 车辆及车轮在制动时的受力情况

其中，制动器制动力①，用符号 F_μ 表示，则

$$F_\mu = \frac{T_\mu}{r} \tag{2.17}$$

式中：T_μ 为车轮制动器的摩擦力矩，N·m。

在车辆制动的时候，车轮的运动会有滚动和抱死拖滑两种情况，当制动强度较小时，制动器摩擦力矩不大，地面的制动力克服制动器摩擦力，使车轮继续滚动。但是，地面的制动力是由于滑动摩擦而引起的拘束力，其值不能超过附着力。也就是说，地面的制动力必须满足：

$$F_{Xb} \leqslant F_\varphi = \varphi F_z \tag{2.18}$$

或

$$F_{Xb\max} = \varphi F_z \tag{2.19}$$

式中：φ 为地面附着系数。

当制动100%达到某个值，即地面的制动力达到附着力 F_φ 的值时，车轮出现了抱死拖滑的现象，尤其是在雪、积水、沙土等路面上驱动时，抱死拖滑现象更为突出。实际上，车辆制动时在地面上留下的痕迹很好发现，从车轮滚动到抱死为止，是一个逐渐变化的过程。

一般用滑移率 s 表述制动过程中的滑动成分。轮胎的滑移率被定义为

---

① 制动器制动力——在轮胎周缘为了克服制动器摩擦力矩所需的力。

$$s = \frac{v_w - r\omega_w}{v_w} \times 100\% \qquad (2.20)$$

式中：v_w 为车轮中心速度，m/s；ω_w 为车轮的角速度，rad/s。

在单纯滚动时，$v_w = r\omega_w$，滑移率 $s=0$；边滚边滑时，$0<s<1$；在纯拖滑时，$\omega_w = 0$，$s=1$。因此，滑动成分随着滑移率的增多而增多。

此时，制动力系数 φ_b 为：

$$\varphi_b = \frac{F_{Xb}}{F_Z} \qquad (2.21)$$

在不同的滑移率时，φ_b 的数值也不同，在不考虑侧向力的条件下，车辆的制动力系数与滑移率关系曲线如图2-8所示。由图可知，曲线在 OA 段近似于直线，φ_b 随 s 的增加而迅速增大。但过 A 点后则上升缓慢，至 B 点后达到最大值。此时，如果滑移率再增加，制动力系数反而有所下降，直至滑移率为1时止。

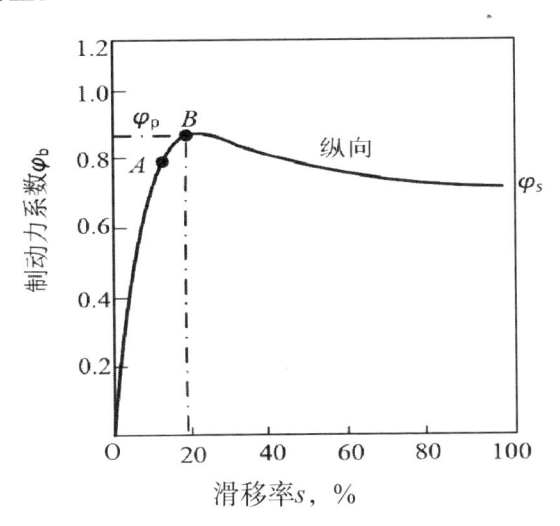

图2-8 制动力系数与滑移率间的关系

2.4 驾驶员模型

在对汽车起重机驱动系统进行前向仿真时，需要建立驾驶员模型，其实质上是一个车速控制器。如图2-9所示，模型中利用一个PI控制器，将输

入的期望车速 v_{req}（来自驾驶循环）和实际车速 v_{act}（来自车辆模型的输出）的差值 Δv 作为PI控制器模块的输入，以PI控制输出和发动机转速作为模型控制器模块的输入，驾驶员模型输出为加速踏板指令 $\theta_{acc-ped}$、制动踏板指令 $\theta_{bra-ped}$、离合器操作命令 $\theta_{clu-ped}$ 和变速器的理想挡位 $G_{gear-ideal}$。加速踏板和制动踏板位置可描述为

$$\theta = K_P(v_{act} - v_{req}) + K_I\int(v_{act} - v_{req})\mathrm{d}t, |\theta| \in [0, 100\%] \quad (2.22)$$

式中：K_P 为比例系数；K_I 为积分系数；v_{act} 为实际车速，km/h；v_{req} 为期望车速，km/h；θ 为踏板位置。

其中，比例系数 K_P 和积分系数 K_I 可通过试错法来确定。

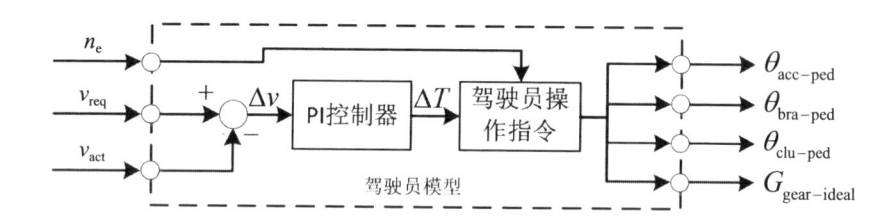

图2-9 驾驶员模型的输入与输出

2.5 发动机模型

一般地，发动机是一种将其他形式的能量转变为机械能的动力机械，而工程机械所用发动机是一种在发动机内部将燃料燃烧产生的热能转变为机械能的往复活塞的内燃机，习惯上称为发动机。发动机是一个集成度较高的复杂系统[42]。车辆的动能及其他能量都来自发动机，在传统车辆上应用液压混合动力技术的目的是在保证车辆正常运行的情况下，调节发动机的有效工作点，使发动机工作在高效区，以达到提高燃油经济性的目的。因此，能够准确模拟发动机瞬间响应特性和实时输出力矩的模型对液压混合动力车辆的研究非常重要。目前的发动机建模主要方法[43]有这两种：理论建模法和试验建模法。

第2章 液压混合动力起重机系统数学建模研究

理论建模法是根据热力学和流体力学的原理，建立发动机的燃料和空气的流动方程及可运动部件的运动方程，描述发动机气缸内的燃烧过程，明确压力的变化。在曲轴和活塞运动上显示发动机的操作机制，最大的优点是可以较好地反映发动机的动态特性，因此属于瞬态模型，通用性好，但计算复杂、时间长。而采用试验建模法则是通过对某一款特定的发动机进行相关试验，根据发动机的试验数据（如发动机的转矩、转速、燃油消耗量和排放等数据），通常采用查表，利用插值方法，得到发动机的外特性以及万有特性曲线，从而可以比较精确地表示出发动机的稳态特性，因此试验建模属于均值模型，具有方法简单，计算量小，针对性、实用性强等优点。但由于在描述外负载随时间波动时，发动机扭矩和转速变化的动态过程方面具有局限性，因此，它不能反映发动机的瞬态响应特性。

本书采用混合建模方式，以发动机均值模型为主，以瞬态模型为辅。只需要对发动机在指定油门下的扭矩输出、发动机转速以及油耗率等特性进行研究。确定内燃机的输出扭矩与内燃机转速、油门位置之间的关系，其动力学关系为：

$$T_{\text{el}}(n_{\text{e}},\alpha) = T_{\text{e}}(n_{\text{e}},\alpha) - \frac{\pi J_{\text{e}} n_{\text{e}}}{30} - \frac{\pi C_{\text{e}} n_{\text{e}}}{30} \qquad (2.23)$$

式中：$T_{\text{el}}(n_{\text{e}},\alpha)$ 为负载扭矩，N·m；$T_{\text{e}}(n_{\text{e}},\alpha)$ 为内燃机输出扭矩，N·m；J_{e} 为内燃机转动惯量，kg·m²；C_{e} 为内燃机等效黏性阻尼系数；n_{e} 为内燃机转速，r/min；α 为内燃机节气门开度，%。

燃油消耗量模型和排放量模型是发动机模型的重要组成部分。燃油消耗量直接影响了整车的燃油经济性，而排放量则影响了整车的排放性能。发动机的耗油和尾气的排出，可以通过测试来确定。在确定发动机的最高耗油后，可以计算其耗油和排气的排放。与传统车辆一样，混合动力车辆中的燃油消耗量模型也是以燃油效率为基础，参照传统起重机的WD615.338发动机，其额定功率为112kW的机械式调速柴油发动机，根据厂家提供的数据，在固定发动机油门位置下针对发动机的扭矩与转速的调速特性，查询燃油效率表，通过插值法的方式获得发动机燃油消耗率 η_{fuel}，发动机油耗模型计算如式（2.24）所示：

$$m_{\text{fuel}} = \kappa \int \eta_{\text{fuel}} \cdot T_e(n_e, \alpha) \cdot n_e \mathrm{d}t \qquad (2.24)$$

式中：m_{fuel} 为发动机油耗，L/100km；η_{fuel} 为燃油效率，g/kW·h；κ 为一阶惯性环节系数。

发动机在一段时间内做功为：

$$W_e = \int_{t_1}^{t_2} P_e \mathrm{d}t = \int_{t_1}^{t_2} \frac{T_e n_e}{9550} \mathrm{d}t \qquad (2.25)$$

式中：P_e 为发动机输出功率，kW；n_e 为发动机转速，r/min。

发动机在一段时间内的总耗油量为：

$$V_{\text{e-fuel}} = \frac{\int_{t_1}^{t_2} f(T_e, n_e) \cdot p_e \mathrm{d}t}{3.6 \times 10^6 \cdot \rho_{\text{fuel}}} \qquad (2.26)$$

式中：$f(T_e, n_e)$ 为发动机油耗，g/kW·h；ρ_{fuel} 为柴油密度，kg/m³，本书取 0.8kg/m³。

发动机节油率定义为：

$$\varepsilon_{\text{e-fuel}} = 1 - \frac{V_{\text{e-fuel/PHHV}}}{V_{\text{e-fuel/C}}} \qquad (2.27)$$

式中：$V_{\text{e-fuel/PHHV}}$ 为PHHC发动机总耗油量，L，$V_{\text{e-fuel/C}}$ 为传统车辆发动机总耗油量，L。

在发动机尾气排放量模型中，根据下面的公式，可以计算出在单位时间内的尾气中各种气体成分的排放量，其数学模型为

$$\begin{cases} m_{\text{CO}} = \int_0^t f_{\text{CO}}(n_e, \alpha) \mathrm{d}t \\ m_{\text{CO}_2} = \int_0^t f_{\text{CO}_2}(n_e, \alpha) \mathrm{d}t \\ m_{\text{NO}_x} = \int_0^t f_{\text{NO}_x}(n_e, \alpha) \mathrm{d}t \\ m_{\text{HC}} = \int_0^t f_{\text{HC}}(n_e, \alpha) \mathrm{d}t \\ m_{\text{PM}} = \int_0^t f_{\text{PM}}(n_e, \alpha) \mathrm{d}t \end{cases} \qquad (2.28)$$

第2章 液压混合动力起重机系统数学建模研究

对于液压混合动力车辆，其发动机输入控制参数主要包括：需求转矩 T_{e-req}、需求转速 n_{e-req}、发动机当前工作状态 s_{e-ope}；输出参数主要为：发动机输出转速 n_{e-out} 和转矩 T_{e-out}、实际燃油消耗 $m_{fuel-act}$、燃油消耗总量 $m_{fuel-total}$，以及 m_{CO}、m_{CO_2}、m_{NO_x}、m_{HC}、m_{PM} 等尾气排放量等[44-45]。

如图2-10所示，混合动力发动机模型的顶层框图一般主要包括三个模块：发动机燃油消耗模块、发动机转矩模块和发动机尾气排放模块。基于给定的发动机万有特性模型，通过发动机的当前转速和转矩求得发动机的油耗及排放，只考虑正常温度下的工作环境，而忽略发动机对燃油喷射和点火控制的瞬时响应等影响。通过试验确定的混合动力发动机的尾气排放与油耗试验数据，可以存储在表格中，通过查表法进行检索[46]。

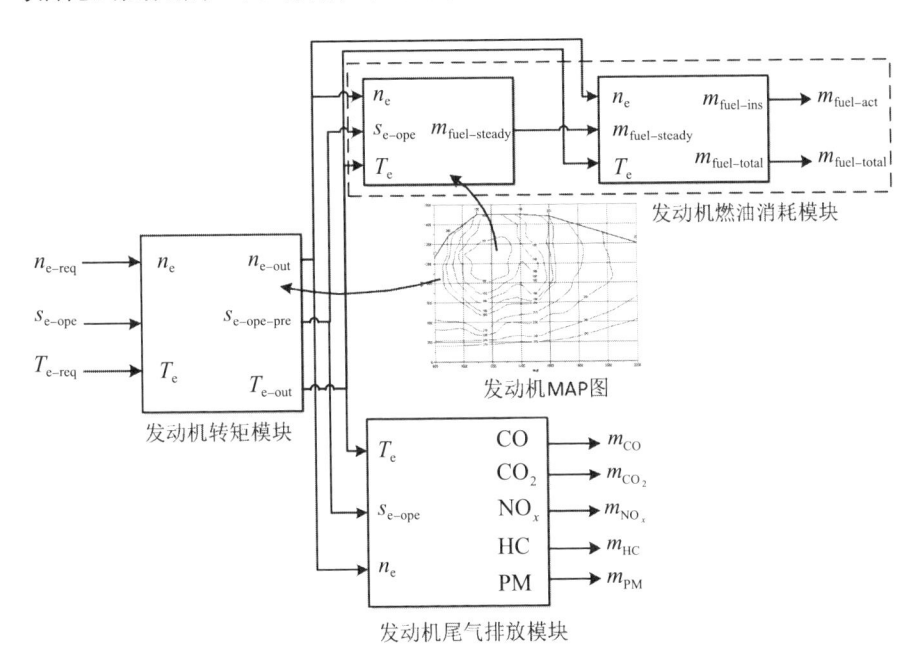

图2-10 发动机模型顶层框图

2.6 液压二次元件模型

变量液压二次元件是液压混合动力系统的能量转换装置，其作用是实现机械能和液压能的相互转换。在工程机械中，常常选择总效率较高的柱塞式液压泵/马达，它可分为斜轴式和斜盘式结构。本书所选择的液压二次元件是斜盘式轴向柱塞式变量液压泵/马达。按照功用不同，可以将液压二次元件分为控制部分和工作部分两个部分。液压二次元件的排量控制可以采用伺服控制系统，通过改变斜盘倾角和过零点的方向，可以实现液压二次元件的转矩控制。

变量液压泵/马达伺服变量机构由三位四通电液伺服阀和双作用双活塞杆变量油缸组成，如图2-11所示。当需要改变液压泵/马达的排量时，来自整车控制单元（VCU）的控制信号使伺服阀的电磁铁得电，通过控制伺服阀阀芯的行程，进而控制变量活塞油缸的运动[47]。由于液压泵/马达具有四象限的工作性质[48-49]，既可以制动又可驱动，其数学模型可根据其运行工况建立。

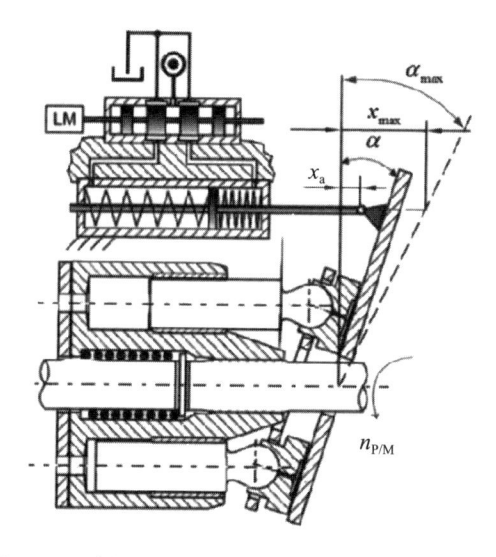

图2-11 变量泵/马达伺服控制系统原理示意图[50]

2.6.1 伺服滑阀数学模型

伺服滑阀阀芯力平衡方程

$$F = m_v \frac{d^2 x_v}{dt^2} + B_v \frac{dx_v}{dt} + K_v x_v + K_{fv} x_v + F_f \quad (2.29)$$

式中：F 为伺服滑阀阀芯上的外部控制力，N；m_v 为伺服滑阀阀芯的质量，kg；x_v 为伺服滑阀阀芯的位移，m；B_v 为伺服滑阀的黏性阻尼系数，N·s/m；K_v 为阀芯对中弹簧刚度，N/m；K_{fv} 为作用在阀芯上的稳态液动力刚度系数，N/m；F_f 为变量油缸反馈力，N。

伺服滑阀流量特性方程如图2-12所示，对于理想零开口滑阀，滑阀阀芯向右移动位移 x_v 时，口2、口4处于正开口，口1、口3处于负开口。为了简化，对应的变量活塞位移 x_t 仍然用变量本身表示从初始条件下的变化量，则伺服滑阀流量特性方程为

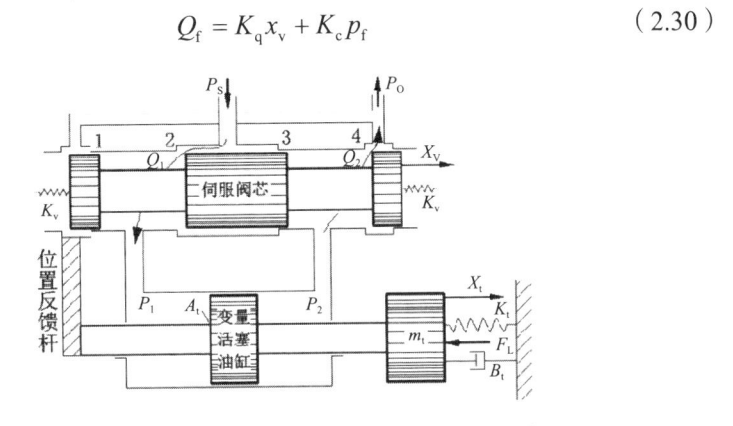

$$Q_f = K_q x_v + K_c p_f \quad (2.30)$$

图2-12 变量泵/马达伺服变量机构结构简图[51]

式中：K_q 为在稳态工作点时，伺服滑阀的流量系数，m^3/s；$K_q = C_d \omega \sqrt{\frac{1}{\rho}(p_s - p_f)}$；$K_c$ 为伺服滑阀在稳定工作点的流量-压力系数，m^3/Ns。$K_c = \dfrac{C_d \omega x_v \sqrt{\frac{1}{\rho}(p_s - p_f)}}{2(p_s - p_f)}$；其中，$C_d$ 为伺服滑阀阀口流量系数；ω 为

伺服滑阀阀口面积梯度，m^2/m；ρ 为液压油液密度，kg/m^3；p_s 为控制压力，即补油泵压力，MPa；负载压力 $p_f = p_1 - p_2$，供油压力 $p_s = p_1 + p_2$。

2.6.2 变量油缸数学模型

进入变量油缸的液压油除推动变量活塞运动外，还用于补偿缸内的各种泄漏以及其他原因导致体积变化量，则进入油缸的变量活塞油缸的流量连续方程可表示为

$$Q_f = A_t \frac{dx_t}{dt} + \frac{V_t}{4\beta_e} \cdot \frac{dp_f}{dt} + C_{tc} p_f \tag{2.31}$$

式中：A_t 为变量活塞作用面积，m^2；x_t 为变量油缸位移，m；$V_t = V_1 + V_2$ 为变量油缸的总容积，m^3。其中，V_1 为变量油缸进油腔容积，m^3；V_2 为变量油缸回油腔容积，m^3；β_e 为等效容积弹性模量，N/m^2；C_{tc} 为变量油缸总泄漏系数，$m^5/N\cdot s$，其中，$C_{tc} = C_{ic} + \frac{1}{2}C_{ec}$，其中的 C_{ic}，C_{ec} 为变量油缸的内、外泄漏系数，$m^5/N\cdot s$。

伺服变量油缸负载力平衡方程为：

$$A_t(p_1 - p_2) = A_t p_f = m_t \frac{d^2 x_t}{dt^2} + B_t \frac{dx_t}{dt} + K_t x_t + F_L \tag{2.32}$$

式中：m_t 为活塞等效总质量，kg；B_t 为等效黏性阻尼系数，$N\cdot s/m$；K_t 为等效负载弹簧刚度，N/m；F_L 为外负载对变量机构的干扰力，N。

2.6.3 液压二次元件数学模型

当液压二次元件作为制动能量再生的制动元件时，液压二次元件以泵的形式工作，将车辆的惯性能转换为液压能储存在液压蓄能器中，当液压泵/马达斜盘角度为 α 时，可用下式表示：

$$\begin{cases} T_{P/M-P-\alpha} = \dfrac{\Delta p_{P/M} \cdot V_{P/M-\alpha}}{2\pi \cdot \eta_{m-p}} \\ Q_{P/M-P-\alpha} = \dfrac{V_{P/M-\alpha} n_{P/M}}{1000} \cdot \eta_{V-p} \end{cases} \tag{2.33}$$

式中：$T_{P/M-P-\alpha}$ 为斜盘角度为 α 液压二次元件的泵工况扭矩，$N\cdot m$；$\Delta p_{P/M}$ 为液压泵/马达泵工况进出口压力差，MPa；$V_{P/M-\alpha}$ 为斜盘角度为 α 的液压二

次元件的排量，mL / r；η_{m-p} 为液压二次元件的工况机械效率；$Q_{P/M-P-\alpha}$ 为斜盘角度为 α 液压二次元件泵工况流量，L / min；$n_{P/M}$ 为液压二次元件泵工况转速，r / min；η_{V-P} 为液压二次元件泵工况容积效率。

当液压二次元件作为驱动元件时，液压二次元件以马达的形式工作，高压蓄能器中的液压能被转换为机械能，通过传动系统传递到车辆的驱动轮，以驱动车辆。当液压泵/马达斜盘角度为 α 时，其数学模型可以表示为：

$$\begin{cases} T_{P/M-M-\alpha} = \dfrac{\Delta p_{P/M} \cdot V_{P/M-\alpha}}{2\pi} \cdot \eta_{m-M} \\ Q_{P/M-M-\alpha} = \dfrac{V_{P/M-\alpha} n_{P/M}}{1000 \eta_{V-M}} \end{cases} \quad (2.34)$$

式中：$T_{P/M-M-\alpha}$ 为斜盘角度为 α 液压泵/马达工况扭矩，N·m；$\Delta p_{P/M}$ 为液压二次元件进出口压差，MPa；η_{m-M} 为液压二次元件马达工况机械效率；$Q_{P/M-M-\alpha}$ 为斜盘角度为 α 的液压二次元件马达工况流量，L / min；η_{V-M} 为液压二次元件马达工况容积效率。

假设车辆行驶在坡度角为 α 的良好铺装路面上，那么，驱动车辆的功率需求可以用下面的方程来进行估算：

$$P_{w-req} = \left(\delta \cdot M_{veh} \dfrac{dv}{dt} + M_{veh} g \sin\alpha + M_{veh} g f_r \sin\alpha + \dfrac{1}{2} \rho C_D A v^2 \right) v \quad (2.35)$$

则泵/马达的功率由以下公式来决定：

$$P_{P/M} = \begin{cases} P_{w-req} / \eta_m & P_{w-req} > 0 \text{ (motor mode)} \\ P_{w-req} \cdot \eta_m & P_{w-req} < 0 \text{ (pump mode)} \end{cases} \quad (2.36)$$

具体在参数匹配时再详细分析。

由图2-12可知，变量油缸活塞的位移量与泵/马达斜盘倾角呈几何关系。当液压泵/马达斜盘倾角为 α_{max} 时，变量油缸的最大位移为 x_{max}，此时，液压泵/马达最大排量为 V_{max}，当斜盘倾角为 α 时，变量油缸的位移为 x_α，根据几何关系，则斜盘倾角为 α 时的液压泵/马达排量为

$$V_{\text{P/M}-\alpha} = \frac{V_{\max}}{x_{\max}} x_\alpha \qquad (2.37)$$

式中：$V_{\max}$ 为液压二次元件的最大排量，mL/r；$V_{\text{P/M}-\alpha}$ 为液压二次元件的排量，mL/r；$x_{\max}$ 为变量油缸最大位移，m。

当斜盘倾角为 α 时，变量油缸的位移为 x_α，当斜盘倾角为最大值 $\alpha_{\max}$ 时，变量油缸的最大位移为 $x_{\max}$，由几何关系，可知

$$\frac{x_\alpha}{x_{\max}} = \frac{\alpha}{\alpha_{\max}} \qquad (2.38)$$

则斜盘倾角为 α 时的液压泵/马达排量又可以表示为

$$V_{\text{P/M}-\alpha} = \frac{V_{\max}}{\alpha_{\max}} \alpha \qquad (2.39)$$

式中：$\alpha_{\max}$ 为液压泵/马达斜盘最大摆动角度，rad；α 为液压泵/马达斜盘摆动角度，rad。

在实际运行过程中，由于泄漏、摩擦、阻尼等损失，液压泵/马达的排量和扭矩不可能达到理论值的标准，因此，需要考虑到液压泵/马达的整体运行的容积效率和机械效率的影响。所谓机械效率，指最终从系统输出的能量与最初进入系统的能量的比值。机械的效率损失的原因主要有以下几个方面：一是由于液压油的稠度造成的摩擦损失；二是由于两个高低压油腔的压力差产生的摩擦损失；三是由于液压泵/马达元件本身的工作特性造成的定量转矩损失，这部分损失与工作压力和转速无关[50]。

当液压泵/马达工作于泵工况时，其容积效率为

$$\eta_{\text{V-p}} = 1 - \frac{C_s}{|x|S} - \frac{\Delta p}{\beta} - \frac{C_{\text{st}}}{|x|\sigma} \qquad (2.40)$$

式中：C_{st} 为紊流泄露系数；C_s 为层流泄露系数；Δp 为液压二次元件进油口与出油口压力差，MPa；x 为斜盘倾角比例系数，$x = \frac{\alpha}{\alpha_{\max}}$；$\beta$ 为液体弹性模量，N/m²；S 为无量纲因子，$S = \mu\omega/\Delta p$，其中，μ 为液体动力黏度，N·s/m²；σ 为无量纲因子，$\sigma = \omega_{\text{P/M}}(V_{\max})^{\frac{1}{3}} / \left(\frac{2\Delta p}{\rho}\right)^{\frac{1}{2}}$；$\omega_{\text{P/M}}$ 为液压泵/马

达斜盘角速度，rad/s。

由大量文献可知，液压泵/马达的容积效率和机械效率随着排量 V 的减小而降低。其间的泄漏损失为容积效率损失的主要原因，用 C_s 项表示；而机械效率要考虑到黏性转矩、摩擦转矩和液压泵转矩损失。把间隙内的油液的流动作为积层，作为牛顿流体，如果无视间隙的变化和油压压缩性的影响的话，则液压泵的机械效率可表示为：

$$\eta_{\text{m-p}} = \frac{1}{1 + \dfrac{C_v S}{|x|} + \dfrac{C_f}{|x|} + C_h x^2 \sigma^2} \qquad (2.41)$$

式中：C_v 为层流阻力损失系数；C_f 为机械阻力损失系数；C_h 为紊流损失系数。

同理，当液压二次元件处于马达工况时，相应的机械效率和容积效率如式（2.42）（2.43）所示[52]。

$$\eta_{\text{V-m}} = \frac{1}{1 + \dfrac{C_s}{|x|S} + \dfrac{\Delta p}{\beta} + \dfrac{C_{\text{st}}}{|x|\sigma}} \qquad (2.42)$$

$$\eta_{\text{m-m}} = 1 - \frac{C_v S}{|x|} - \frac{C_f}{|x|} - C_h x^2 \sigma^2 \qquad (2.43)$$

联合式（2.40）（2.41）（2.42）和式（2.43），则液压泵/马达工作于泵工况和马达工况的总效率分别为：

$$\eta_{\text{P-total}} = \frac{P_{\text{P/M-input}}}{P_{\text{P/M-output}}} = \frac{\Delta p Q}{T_a \dot{\omega}} = \eta_{\text{V-P}} \times \eta_{\text{m-P}} \qquad (2.44)$$

$$\eta_{\text{M-total}} = \frac{P_{\text{P/M-output}}}{P_{\text{P/M-input}}} = \frac{T_a \dot{\omega}}{\Delta p Q} = \eta_{\text{V-M}} \times \eta_{\text{m-M}} \qquad (2.45)$$

式中：$P_{\text{P/M-output}}$ 为液压二次元件的输出功率，kW；T_a 为液压二次元件的输入转矩，N·m；$P_{\text{P/M-input}}$ 为液压二次元件的输入功率，kW。

2.6.4 液压二次元件的转矩控制

在液压混合动力系统中，研究的核心问题之一是液压二次元件模型的输入、输出特性及其转矩控制，而其内部具体的、复杂的运转过程不是本书研究的重点。由式（2.36）可知，液压二次元件的扭矩是由进出口压差和排量所决定的。其中，液压二次元件的进出口压差可以通过进出口的压力传感器测得压力后得到。因此，在液压二次元件的进出口压差一定的条件下，可以通过控制液压二次元件排量来对其转矩进行控制。但在现有的条件下，很难检测液压泵/马达的排量。根据液压泵/马达的特性可知，当电磁阀控制电压、先导压力范围确定后，液压泵/马达排量与电磁阀控制电流呈精确的线性关系。可以通过控制液压泵/马达的电流来控制变量机构进而间接地控制液压泵/马达的排量，进而控制液压泵/马达的转矩。

为了对转矩进行精确的控制，通常采用闭环控制，即利用在变量油缸处的位移传感器所测得的油缸的位移信号，通过所对应的一定的比例关系来计算出斜盘摆角，再乘以混合动力系统中压力传感器所测得的压力信号，得到液压二次元件的输出转矩，通过与目标转矩的对比，二者之间的偏差可以由变量机构进行修正：通过改变伺服阀调节变量油缸的位置，进而控制二次元件的斜盘摆角，从而达到控制液压二次元件排量来间接地控制液压二次元件的转矩，达到目标转矩的要求。

由于液压泵/马达模块的控制具有非线性、参数摄动大及外界干扰不确定等特点。常规的PID或智能分段PID及相似原理的控制算法在设计控制器参数时需要较为准确的模型，需要在调试中通过经验寻找合适的参数。当模型参数发生变化时，控制器的参数也需要重新进行调整，这为在线控制增加了难度[53]。本书采用分数阶$PI^\lambda D^\mu$（FOPID）控制方法对变量油缸的位移进行闭环控制，液压二次元件转矩控制框图如图2-13所示。液压二次元件ECU根据中央控制器给出的转矩指令，通过FOPID闭环控制的方法控制电液伺服阀输出流量，控制变量油缸位移及斜盘的角度，进而实现对液压泵/马达排量的精确控制，通过输出期望的正转矩或负转矩，液压二次元件转矩指令与实际输出转矩的闭环控制由液压二次元件ECU完成。

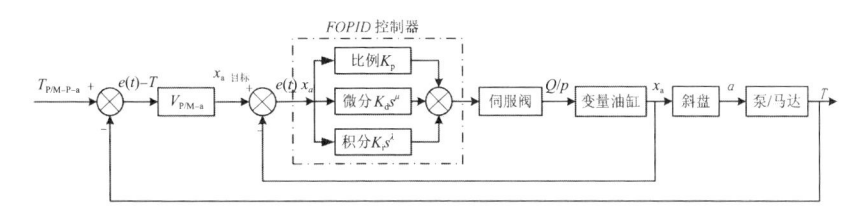

第2章 液压混合动力起重机系统数学建模研究

图2-13 液压二次元件转矩控制框图

其传递函数如式（2.46）所示：

$$C(s) = \frac{X(s)}{E(s)} = K_p + \frac{K_i}{s^\lambda} + K_d s^\mu \quad (0 < \lambda, \mu < 2) \qquad (2.46)$$

在控制系统框图中，$e(t) - x_\alpha = x_{\alpha 目标} - x_{\alpha 实际}$ 为位移误差信号，它是控制器的输入信号，$x_{\alpha 目标}$ 为控制系统的期望信号，$x_{\alpha 实际}$ 为控制系统的实际输出；$C(s)$ 为控制器的传递函数，K_p、K_d、K_i 分别是比例系数、微分系数和积分系数，μ，λ 分别为微分阶次和积分阶次，都在（0，2）之间进行取值。可以使分数微分环节的超前相角在0°到180°之间任意取值，从而适当地增加了系统的阻尼程度；使得分数阶次积分环节的滞后角度可以在-180°至0°之间任意变化，从而在兼顾系统稳定性和动态性能的情况下提高系统的稳态性能，达到控制系统的性能要求。

利用液压二次元件的实验数据（如转速、流量、转矩和功率等数据），参考厂家提供的技术参数说明，通过插值法建立一种查表性质的模型，以精确表示液压泵/马达的稳态特性，液压泵/马达及蓄能器的模型框图如图2-14所示。

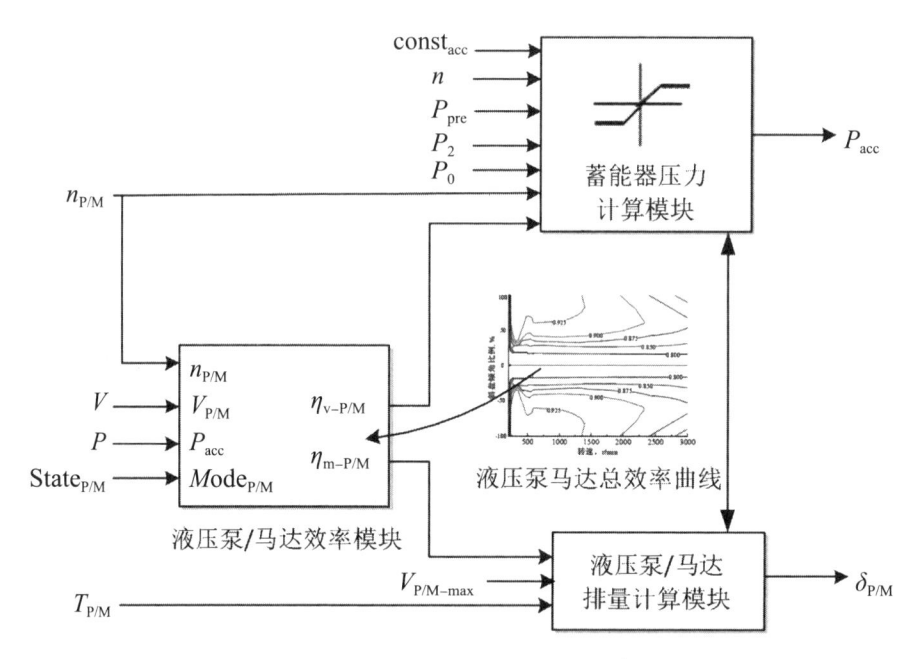

图2-14 液压泵/马达——蓄能器顶层模型框图

2.7 液压蓄能器模型

2.7.1 液压蓄能器的工作过程

液压蓄能器是液压混合动力车辆的第二个能量源，用来存储和释放再生制动能量以及能量传递，并且在液压系统中能够起到吸收冲击、消除脉动的作用。液压混合结构需要两个储能装置，其中一个为高压蓄能器，一个为低压蓄能器（可以用带有背压的油箱代替），为了避免造成气穴现象，低压蓄能器也要有一个预充压力，因此，这里用低压蓄能器比"油箱"更为确切。蓄能器与其相关联的液压泵马达排量之间的压差决定液压泵/马达输出轴扭矩，这个扭矩被用作加速、减速车辆或吸收发动机多余的能量。

液压混合动力车辆常常采用皮囊式液压蓄能器作为储能元件。这种蓄能器反应快，寿命长，能量密度大，主要由一个预充气的内置气囊和一个与液压系统相连接的油液室以及充气阀、外壳、菌形提升阀、弹簧、液压接口等组成，如图2-15所示，蓄能器的整个腔体被一个可充气的囊袋隔开（为了减少气体压缩时的热损失，在气囊的内壁可以填充弹性泡沫）。由于氮气是一种廉价的惰性气体，不易燃烧，因此，氮气是一种典型的被应用在液压蓄能器中的气体。液压蓄能器利用预充氮气的可压缩性来存储能量，从使用前状态至最终将储存的能量释放完毕，蓄能器在这一过程中可以分为四个阶段：A.使用前状态（未充气）；B.充气后状态（预充气并达到预定压力，同时皮囊推动常开的菌形提升阀下行，关闭蓄能器液压油口，防止气囊突出蓄能器，为了使蓄能器具有一定的初始压力，需要对蓄能器进行预充气）[54]；C.蓄压状态（随着液压油被泵入蓄能器内，作用在气囊上的液体压力不断增强，氮气开始压缩。由于氮气的可压缩性，能量得以存储在蓄能器中，在逐步达到最高工作压力后，停止蓄压）；D.释放状态（排出液压油并逐步降低至最低工作压力后，停止释放能量）。在液压蓄能器一个完整工作过程中蓄能器皮囊体积变化如图2-15所示。当气体被压缩/解压缩时，油液流入/流出液压蓄能器。在解压缩过程中，液压泵/马达工作在马达工况，来自高压蓄能器的液压油驱动马达，将液压能转换为机械能，推动车辆，实现了再生能量的利用。在压缩过程中，液压泵/马达工作在泵工况，液压泵将液压油压入高压蓄能器，并将捕获的动能以压力能的形式存储在压缩气体中，实现了制动能量的再生。尽管高压蓄能器具有非常高的功率密度，并且能够实现频繁的充能/放能动作，但高压蓄能器的能量密度与系统效率是非常低的。液压蓄能器的特性会对车辆整车的制动性能、能量回收效率以及能量的利用率产生决定性的影响。

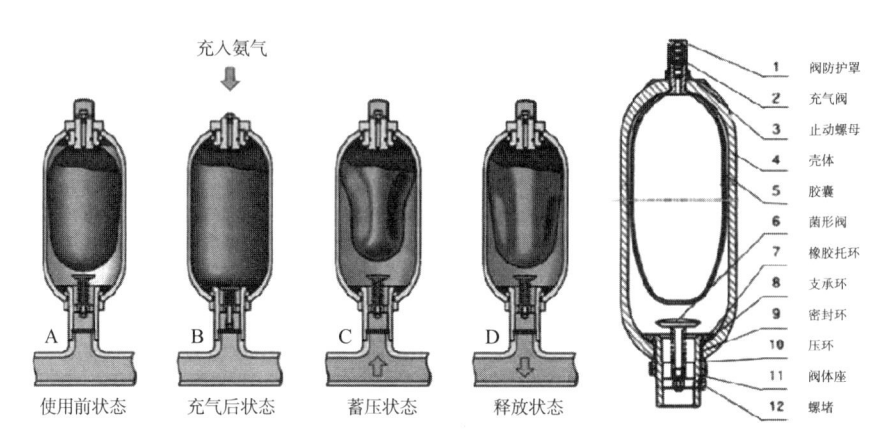

图2-15 气囊式液压蓄能器及其工作过程示意图

2.7.2 理想气体能量方程

根据热力学Boyle-Mariotte定律，动态蓄能器模型应满足下列方程[55]：

$$pV^n = C \qquad (2.47)$$

式中：p 为供给压力，MPa；V 为气体体积，m³；n 为Boyle-Mariotte定律气体多变指数，等温过程时取 $n=1$，绝热过程时取 $n=1.4$，其他情况时取二数值之间值，C 为依据预充值的常数。

在储能过程中，液压蓄能器的工作原理，如图2-16所示[56]。

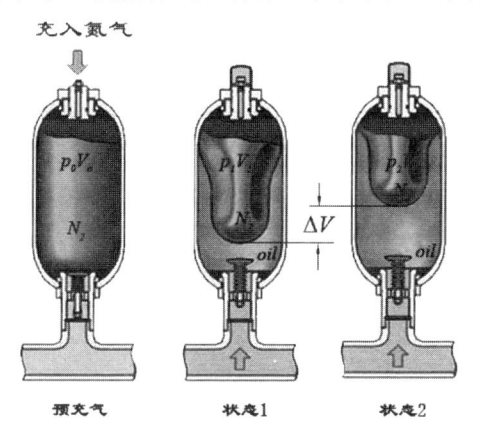

图2-16 液压蓄能器原理图

第2章 液压混合动力起重机系统数学建模研究

然而，为了延长蓄能器的使用寿命，如公式（2.49）所示，最小压力被定义了，根据经验公式，预充压力 p_0 是最小压力 p_1 的0.9倍，即 $p_0 = 0.9 p_1$。

蓄能器容量的变化即是蓄能器的有效容积，有效容积的大小直接影响蓄能器的储能能力，其有效容积的计算可由下列公式给出：

$$\Delta V = V_1 - V_2 \qquad (2.48)$$

由式（2.47）得，$V_1 = V_0 \left(\dfrac{p_0}{p_1}\right)^{\frac{1}{n}}$，$V_2 = V_0 \left(\dfrac{p_0}{p_2}\right)^{\frac{1}{n}}$；将 V_1、V_2 代入式（2.48）并整理得

$$\Delta V = V_0 \left[\left(\dfrac{p_0}{p_1}\right)^{\frac{1}{n}} - \left(\dfrac{p_0}{p_2}\right)^{\frac{1}{n}} \right] \qquad (2.49)$$

当 $p_1 = p_0$，$p_2 = p_{\max}$ 时，蓄能器能够存储的能量最多，因此有

$$\Delta V = V_0 \left[1 - \left(\dfrac{p_0}{p_{\max}}\right)^{\frac{1}{n}} \right] \qquad (2.50)$$

蓄能器的能量可以用下式导出，

$$\mathrm{d}E = -p \mathrm{d}V \qquad (2.51)$$

其中，负号代表蓄能器能量增加时气体的体积减小，基于以上模型，存储在蓄能器中的能量可以用式（2.50）计算。由式（2.47）得，$p = p_0 \left(\dfrac{V_0}{V}\right)^n$，将其代入式（2.50），积分整理，则蓄能器中的能量从状态1到状态2的变化为：

$$\begin{aligned} E_{1-2} &= -\int_{V_1}^{V_2} p \mathrm{d}V \\ &= -\int_{V_1}^{V_2} p_0 \left(\dfrac{V_0}{V}\right)^n \mathrm{d}V \\ &= \dfrac{p_0 \cdot V_0}{n-1} \left[\left(\dfrac{p_2}{p_0}\right)^{\frac{n-1}{n}} - \left(\dfrac{p_1}{p_0}\right)^{\frac{n-1}{n}} \right] \end{aligned} \qquad (2.52)$$

式中：V_1 为最低工作压力 p_1 所对应的气体体积，m³；V_2 为最低工作压力

p_2 所对应的气体体积，m³；E_{1-2} 为蓄能器中的能量从状态1到状态2的变化，J。

在液压混合动力系统中，由图2-17表示的，是蓄能器工作过程 $P-V$ 的变化曲线。

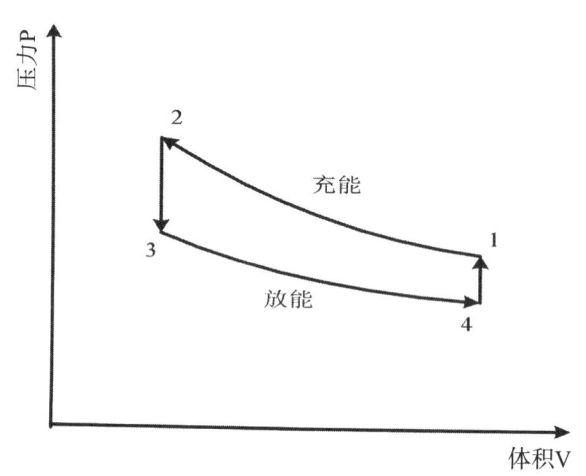

图2-17 蓄能器工作过程 $P-V$ 变化曲线图

等温过程时，取 $n=1$，则

$$E_{1-2} = -\int_{V_1}^{V_2} p \mathrm{d}V = -\int_{V_1}^{V_2} p_0 \frac{V_0}{V} \mathrm{d}V = p_0 V_0 \ln\left(\frac{p_2}{p_1}\right) \quad (2.53)$$

假设蓄能器最高工作压力为 $p_{\max}$，当 $p_1 = p_0$，$p_2 = p_{\max}$ 时，蓄能器所吸收的能量最大，则由式（2.53）有

$$E_{1-2} = -\int_{V_1}^{V_2} p \mathrm{d}V = -\int_{V_1}^{V_2} p_0 \left(\frac{V_0}{V}\right)^n \mathrm{d}V = \frac{p_0 V_0}{n-1}\left[\left(\frac{p_{\max}}{p_0}\right)^{\frac{n-1}{n}} - 1\right] \quad (2.54)$$

而对于等温过程，联合式（2.51）和（2.54），得

$$E_{1-2} = -\int_{V_1}^{V_2} p \mathrm{d}V = -\int_{V_1}^{V_2} p_0 V_0 \frac{\mathrm{d}V}{V} = p_0 V_0 \ln\left(\frac{p_{\max}}{p_0}\right) \quad (2.55)$$

由式（2.51）和（2.53），对不同变量微分，根据极值条件，即可求出

相应的状态量。如果将 $p_{\max}$ 和 V_0 作为常数，则由式（2.54）可求得液压蓄能器吸收能量 E_{1-2} 取极值的条件为

$$\frac{\mathrm{d}E_{1-2}}{\mathrm{d}p_0} = \frac{V_0}{n-1}\left[\frac{1}{n}\left(\frac{p_{\max}}{p_0}\right)^{\frac{n-1}{n}} - 1\right] = 0 \qquad (2.56)$$

而对于等温过程，由式2.56得

$$\frac{\mathrm{d}E_{1-2}}{\mathrm{d}p_0} = V_0\left[\ln\left(\frac{p_{\max}}{p_0}\right) - 1\right] = 0 \qquad (2.57)$$

由式（2.56）和（2.57），在对 E_{1-2} 取极值时，可以求出最高工作压力之间和预充气压力之间的关系。因此，选择合适的预充气压力和蓄能器的尺寸可以平衡能量存储与液压油的存储量。对于混合动力系统，这两者同样重要，设计者常常希望匹配合理的蓄能器预充气压力以期获得最大的能量存储。能量 E_{1-2} 取极值时，从最大存储能量与有效容积随蓄能器初始气体容积的变化曲线中可以看出蓄能器的能量存储能力是蓄能器最大压力的函数；由于预充气压力与最大工作压力的比例固定，蓄能器的尺寸决定蓄能器的有效容积。

2.7.3 液压蓄能器热损失修正

在理想的绝热状态下，蓄能器的参数可以通过存储的能量和有效体积进行匹配。但在实际工作中，液压蓄能器的存储能力存在热损失问题，如果还按照理想气体状态下的参数匹配蓄能器，则实际的存储能力将会被减小，因此通常所采用的等温、绝热模型不能精确描述液压节能系统的储能过程。常采用Benedict-Webb-Rubin（BWR）方程建立皮囊式液压蓄能器的模型，来描述蓄能器压力与气体体积及气体温度的特性。

假设蓄能器隔热层与所充气体的温度相同，则其平衡方程[38]为

$$m_{\mathrm{N}_2}\frac{\mathrm{d}u}{\mathrm{d}t} = -p_{\mathrm{N}_2}\frac{\mathrm{d}V_0}{\mathrm{d}t} - m_{\mathrm{ins}}C_{\mathrm{ins}}\frac{\mathrm{d}T}{\mathrm{d}t} - hA_{\mathrm{inw}}(T - T_{\mathrm{inw}}) \qquad (2.58)$$

式中：m_{N_2} 为液压蓄能器所充气体总质量，kg；m_{ins} 为隔热材料的质量，kg；u 为气体的内能，p_{N_2} 为气体绝对压力，MPa；V_0 为液压蓄能器内气

体容积，MPa；C_{ins} 为隔热材料比热容，J/kg·K；h 为热传导系数，J/m²·kg·K；T 为气体温度，K；T_{inw} 为蓄能器内壁温度，K；A_{inw} 为蓄能器内壁表面积，m²。

对单位质量气体而言，其内能为

$$du = c_v dT + \left[T\left(\frac{\partial p_{N_2}}{\partial T}\right) - p_{N_2}\right]dv \tag{2.59}$$

式中：u 为气体内能，J；c_v 为气体比热容，J/kg·K；v 为气体质量体积，m³/kg。

BWR方程可以由以下方程表示：

$$\frac{dT}{dt} = \frac{T_0 - T}{\zeta} - \frac{1}{c_v}\left[\frac{RT}{v}\left(1 + \frac{b}{v^2}\right) + \frac{1}{v^2}\left(B_0 RT + \frac{2C_0}{T^2}\right) - \frac{2c}{v^3 T^2}\left(1 + \frac{\gamma}{v^2}\right)e^{\frac{-\gamma}{v^2}}\right]\frac{dv}{dt} \tag{2.60}$$

$$P_{N_2} = \frac{RT}{v} + \frac{B_0 RT - A_0 - \dfrac{C_0}{T^2}}{v^2} + \frac{bRT - a}{v^3} - \frac{a\alpha}{v^6} + \frac{c\left(1 + \dfrac{\gamma}{v^2}\right)e^{\frac{-\gamma}{v^2}}}{v^3 T^2} \tag{2.61}$$

$$c_v = c_{v_0} + \frac{6}{T^3}\left(\frac{C_0}{v} - \frac{c}{\gamma}\right) + \frac{3c}{T^3}\left(\frac{2}{\gamma} - \frac{1}{v^2}\right)e^{\frac{-\gamma}{v^2}} \tag{2.62}$$

式中：c_{v_0} 为理想气体比热容，J/kg·K；ζ 为热力学时间常数，$\zeta = \dfrac{m_{N_2} c_v}{h A_{\text{inw}}}$；$P_{N_2}$ 为气体绝热压力，MPa；R 为理想气体常数，J/kg·K；A_0、B_0、C_0、a、b、c、α、γ 为Benedict-Webb-Rubin物理方程常数。

尽管对于每一个应用来讲，精确的时间常数应该用实验获得，这些方程对热力学时间常数值相当不敏感。实质上，与一个热传递的完全模型相比，这种类型的模型更容易应用，并且在物理系统里，热时间常数很容易测量并具有相对好的精度。

蓄能器充能与放能的延迟时间对能量存储能力有着直接的影响，因为在延迟时间的热变化减少了在达到压力极限之前的许用容积变化。同样，增加热时间常数也可以减少蓄能器的存储能力，尽管这样能极大地提高效率。这是由于不是很多的能量被用来改变气体的温度而是改变了 $P-V$ 曲线的形状。通过给蓄能器附加弹性泡沫的方法可以增加蓄能器的热时间常数，这种泡沫可以将气体捕捉进材料本身的囊中并将气体与蓄能器内壁隔绝。另外，这种泡沫具有特殊的热特性即蓄能中的气体在压缩时几乎没有温度上升。

2.7.4 液压蓄能器SOC定义

液压蓄能器的充液状态SOC（state of charge of the accumulator）可以由蓄能器的瞬时工作压力与最小工作压力的差值比上蓄能器的最大工作压力与最小工作压力差值来表示，即

$$SOC = \frac{p - p_{\min}}{p_{\max} - p_{\min}} \quad (2.63)$$

式中：p 为高压蓄能器瞬时工作压力，对应某一充液状态，MPa；$p_{\min}$ 为高压蓄能器充液状态最小时对应的压力，即SOC=0时的工作压力，MPa；$p_{\max}$ 为高压蓄能器充液状态最大时对应的压力，MPa。

SOC是一个连续变量，SOC=0时代表没有液压油流动，即没有回收能量，而SOC=1时则代表高压蓄能器已经达到了储能上限，即蓄能器已经充满了液压油，最大限度地回收了能量。液压蓄能器充液状态SOC与所充液体的体积及对应的压力之间的函数关系就是随着所充液体的体积及对应压力的增大，液压蓄能器充液状态SOC也随之增大，SOC在0~1之间变化，表征蓄能器中充液状态的不同。

2.7.5 蓄能器低压系统

蓄能器的低压系统主要是通过供给控制压力来补偿系统中的容积损失、帮助控制液压泵/马达的斜盘角度以及冷却系统中的液压油。在这个结构中，低压系统主要由低压蓄能器（或油箱）、补油泵、散热器以及减压阀来设置低压许用压力。与液压泵/马达相似，一个效率模型被用在补油泵中。低压蓄能器的建模与高压蓄能器的建模相似。这里就不再赘述。

2.8 转矩耦合器模型

在并联式混合动力系统中，转矩耦合器的作用是将传统内燃机系统与混合动力系统连接在一起，进而实现两种系统的转矩耦合，来共同驱动车辆以及在制动时与制动能量回收系统一起实现再生制动能量。由于传统内燃机动力系统与液压辅助动力系统在额定转速和高效工作区方面存在较大的差异，因此，可以通过转矩耦合器调节两种动力系统的速比，来保证两者尽可能地保持运行在高效状态。从液压二次元件的角度考虑，降低耦合器的传动比有利于提高液压二次元件的效率；而增大耦合器的传动比时，如图2-18所示，液压泵/马达的排量和质量随之明显降低，同时其工作效率也略有降低，但可以在更大的功率范围内进行能量回收。因此，转矩耦合器传动比对混合动力系统的工作效率和制动能的回收有重要影响，需要综合考虑液压二次元件的工作效率和能量回收能力来确定合理的传动比，使系统整体性能达到最佳[57]。

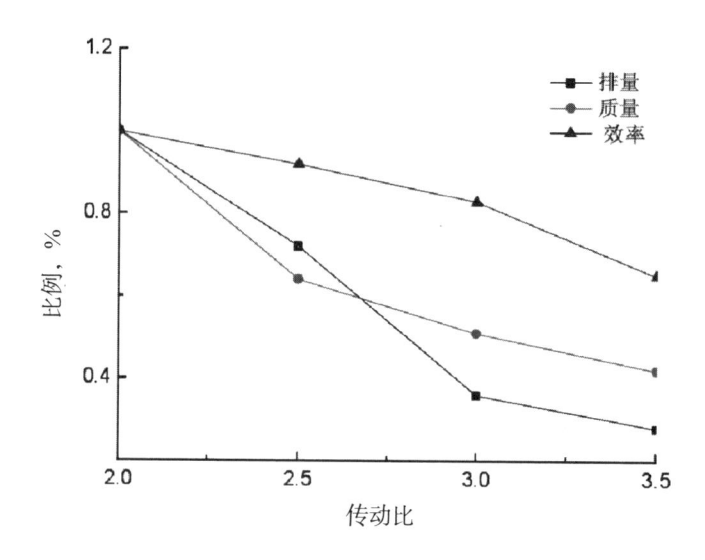

图2-18 耦合器传动比对混合动力系统的影响[58-59]

车辆速度较低和较高时,耦合器的传动比都要保持在合适的范围内,即

$$\frac{0.377r \cdot n_{\text{P/M-max}}}{i_{g9} \cdot i_0 \cdot v_{\text{veh-max}}} \leqslant i_c \leqslant \frac{0.377r \cdot n_{\text{P/M-min}}}{i_{g1} \cdot i_0 \cdot v_{\text{veh-min}}} \quad (2.64)$$

式中:i_c为转矩耦合器传动比;$v_{\text{veh-min}}$为混合动力车辆最小行驶速度,m/s;$v_{\text{veh-max}}$为混合动力车辆最大行驶速度,m/s;$n_{\text{P/M-min}}$为混合动力车辆以最小速度行驶时,液压泵/马达工作在高效区域的最低转速,r/min;$n_{\text{P/M-max}}$为混合动力车辆以最高速度行驶时,液压泵/马达的最高转速,r/min;r为车轮半径,m;i_{g1}为变速Ⅰ挡传动比;i_{g9}为变速Ⅸ挡传动比;i_0为主减速器传动比。

2.9 整车控制模型

由于并联式液压混合动力系统具有两套动力源:一是来自发动机的主动力源,二是来自液压二次元件的辅助动力源。与传统起重机相比,增加了系统控制变量的数量,包含多种复杂的控制过程,比如:驾驶员的转向、加速、制动、换挡的操作,发动机和液压蓄能器之间进行能量分配的过程,制动过程中制动能量的再生回收、液压二次元件的动态控制、发动机与离合器的控制等,这些因素给控制系统的设计带来了困难。控制系统的作用是协调这两个动力源,以最便捷的方式来满足系统功率需求和动态约束,以减少系统总体能量消耗。

本书提出一种分层递阶式的控制系统结构,如图2-19所示。这种结构的顶层控制器专注于管理系统的能量流动,根据不同的驱动行为优化蓄能器的能量使用,使能量管理策略得以方便地实现,同时,各子控制器分工明确,不仅降低了设计难度,而且易于移植到实验样车上。

整车控制模型共分成三层,第一层是管理层,主要涉及离散事件的动态过程。为了获得希望的车速,驾驶员要排除外界因素及自身状况的影响,通过转向、换挡、加速、制动等动作不断调整自己的驾驶行为,并向协同层发出指令,输入到整车控制器。整车控制器的主要任务是依据车辆循环工况的需求,合理分配发动机和液压元件的功率及转矩,并通过协同

层与执行层之间的传送接口向各个部件的控制器发出控制命令。协同层主要涉及决策过程。执行层中各个部件的控制器则根据协同层的控制命令独立地控制各自的被控对象，并将各个部件的状态变量向协同层反馈。执行层主要涉及了逻辑切换，连续时间和离散时间等多种类型的动态过程[58-59]。详细的设计过程将在第4章内详述。

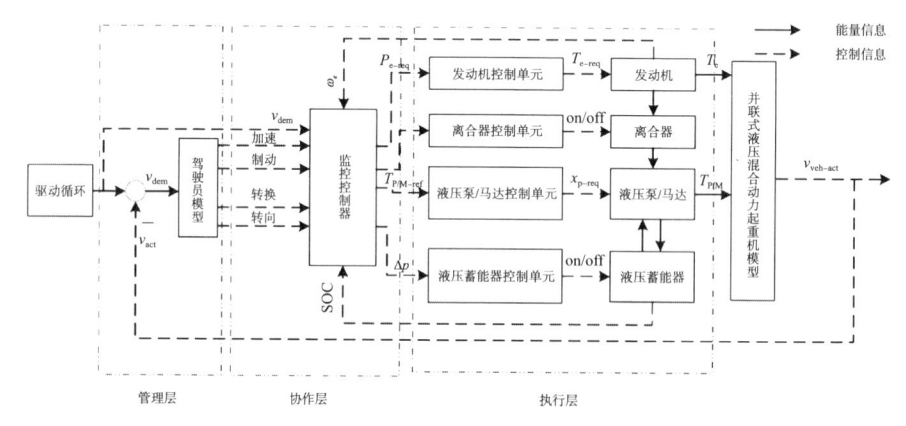

图2-19　液压混合动力起重机分层结构控制框图

2.10 本章小结

本章在综合分析混合动力车辆结构及配置的基础上，对整车技术方案进行了分析，根据混合动力起重机动力系统结构特点和城市运行工况特点，提出了一种前置并联式双轴液压混合动力传动系统构型，该构型充分利用变速箱的变传动比的作用，使再生制动能量回收的范围更广，效果更佳。在整车初步方案的基础上，基于该构型，采用理论与实践相结合的方法，分别对发动机、液压泵马达、蓄能器等动力总成各部件进行数学建模，阐述与分析了其运行机理及元器件各参数之间的相互关联性，为动力总成的参数匹配和控制策略研究打下了良好基础。

第3章 动力系统关键元件参数优化匹配研究

3.1 引言

混合动力系统的提出为汽车起重机的节能减排提供了一条新的出路,但同时混合动力系统也会增加车体质量,增加制造成本。而混合动力系统的某些关键元件的参数选取与匹配需要仔细斟酌,比如发动机、液压二次元件和蓄能器。如果对这些参数不进行优化,它们组合在一起工作就可能达不到系统最佳性能,有可能出现效率低下的问题,导致使用成本增加。因此,在混合动力系统中,动力系统的参数匹配与优化将直接影响系统整体工作的性能与成本,这在整车设计中占有很重要的地位。通过合理的参数优化不仅有助于最大限度地提高混合动力车辆的整车性能和工作效率,改善混合动力起重机的动力性,还可以提高系统的燃油经济性、降低尾气排放并减少装机成本[60]。

参数匹配是在满足整车动力性能的要求下对动力结构中每个部件关键参数进行选取。基于液压混合动力方法的起重机的关键参数匹配是一个多变量、多目标函数的优化过程,在这个优化的过程中,多个目标函数包括汽车的动力性、排放性与车辆的经济性等;变量包括传动系的速比选择和各工况下功率如何分配控制策略的制定等(将在第4章进行分析)。

3.2 系统关键部件参数匹配分析

在液压混合动力起重机动力系统构型确定下来之后,就要进行混合动力系统各部件的参数匹配,以协调各部件间关系,合理确定各部件的参数。由于液压混合动力起重机是由两种动力源提供动力,即由发动机提供主要动力,由液压二次元件适时地提供辅助动力,所以混合动力车辆的参数设计比传统车辆的参数设计要复杂得多。对基于混合动力方法的动力机构的每个重要部件的参数进行合理与科学的选取,才能保证液压混合动力方法对车辆领域的适用性与准确性,为后续的进一步仿真及优化打下良好的基础,对提高车辆的动力性、燃油经济性以及改善排放性能具有重大的意义。

本章首先结合汽车理论教材的某些计算公式,通过理论分析得到各动力机构的各个部件的参数匹配结果,该结果是初步的。而随后,则以车辆的仿真分析方法与仿真结果对部件的重要参数进行进一步优化。

3.2.1 发动机功率的匹配

由汽车理论可知,发动机的排量越大,发动机功率越大,转矩响应越大、越平稳。车辆动力性能增强的同时,发动机体积、质量也相应增加,造成车辆的燃油经济性与排放性能变差,这样,势必会造成浪费;如果发动机功率选择过小,那么,发动机的储备功率也相应会小,这时,为了满足混合动力车辆行驶性能要求,液压辅助动力系统必须提供更多的驱动功率,这种情况又将引起液压二次元件和液压蓄能器容量取值的增大,从而造成车辆成本的增加。另外,由于液压辅助动力系统的排量与容量的增加,势必会造成系统体积和重量的增大,从而导致使液压辅助动力系统在车辆上布置困难。因此,合理匹配的发动机功率液压混合动力起重机的设计非常重要。发动机的功率大小直接影响车辆的燃油经济性、排放性能和后备功率,对维护和成本有直接影响。

由第2章的分析可知,并联式混合动力起重机具有两个动力源:发动机(ICE)和液压辅助动力系统。因此,混合动力起重机的最大总功率等于发动机最大功率和液压二次元件最大功率之和,即

$$P_{\text{total-max}} = P_{\text{e-max}} + P_{\text{P/M-max}} \quad (3.1)$$

式中:$P_{\text{e-max}}$为发动机最大功率,kW;$P_{\text{P/M-max}}$为液压二次元件最大功率,kW。

第3章 动力系统关键元件参数优化匹配研究

为了满足车辆动力性要求，发动机总功率设计一般根据最大车速 v_{max}、$v_0 \sim v_t$ 加速时间 T 以及最大爬坡度 i_{max} 等三个性能指标来确定。

1. 满足最高车速 v_{max} 确定的最大功率

对于液压混合动力起重机而言，设定起重机能达到的最大车速为80 km/h，则在发动机单独驱动起重机时，通常需要发动机的最大功率 P_{e-max} 能确保车辆的期望最大速度。发动机功率越大，备用功率越大，加速和爬坡性能会越好，但经济表现可能会越差。所以可知，发动机的功率最大值是滚动阻力与空气阻力之和[61]，即

$$P_{e-max1} = \frac{\lambda \cdot v_{max}}{3600\eta_T}(f_r M_{veh} g + \frac{1}{21.15} C_D A v_{max}^2) \quad (3.2)$$

式中：g 为重力加速度，m/s^2；M 为车辆总质量，kg；f_r 为车辆滚动阻力系数；P_{e-max1} 为发动机最大功率，kW；C_D 为空气阻力系数；λ 为功率裕量系数，λ 的取值大于1；η_T 为传动系的总效率；A 为车辆迎风面积，m^2；v_{max} 为最高车速，km/h。

车辆行驶过程中，为了保证燃油消耗尽可能少，发动机的工况要尽量保持在燃油消耗经济区。但由于发动机的负载的不确定性，所以，有合适的后备显得极为重要，设计过程中，工作功率大多选定在总功率的一半以上的水平，上限的选择要考虑燃油经济性，避免能耗。在实际工作中，通常利用车辆比功率来衡量车辆动力性能，它是一个综合性指标，一般来讲，对同类型车辆而言，比功率越大，车辆的动力性越好。比功率是发动机最大功率与车辆总质量之比，表示车辆单位质量所具有的发动机功率，即

$$P_{spe} = \frac{1000 \cdot P_{e-max}}{M_{veh}} = \frac{f_r g v_{max}}{3.6\eta_T} + \frac{C_D A v_{max}^3}{76.14 M_{veh} \eta_T} \quad (3.3)$$

式中：P_{spe} 为车辆比功率，kW/t。

由式（3.3）可知，不同车辆的比功率将随其总质量的增大而逐步减少，在进行车辆设计和部件选型时，可以根据车辆类型、整车参数和使用环境较近似的成熟车型，参照其比功率数值，选取发动机功率。同时，为

了满足起重机动力性要求，发动机的最大转矩应根据下式计算：

$$T_{e-max} = 9549 \frac{\alpha \cdot P_{e-max}}{n_{P_{e-max}}} \tag{3.4}$$

式中：α 为转矩适应性系数，取 $\alpha = 1.2$；$n_{P_{e-max}}$ 为最大功率时发动机转速，r/min，取 $n_{P_{e-max}} = 5250$ r/min。

2. 满足爬坡性能确定的最大功率

$$P_{e-max\,2} = \frac{v_{cli}}{3600\eta_T}\left(f_r M_{veh} g \cos\alpha_{max} + M_{veh} g \sin\alpha_{max} + \frac{C_D A v_{cli}^2}{21.15}\right) \tag{3.5}$$

$$\alpha_{max} = \arctan(i_{max}/100) \tag{3.6}$$

式中：α_{max} 为最大爬坡度，°；i_{max} 为爬坡指标；v_{cli} 为爬坡稳定时的车速，km/h。

3. 满足加速性能的动力源总功率

在起步加速过程中，起重机的速度可以按式（3.7）来表示，即

$$v = v_m \left(\frac{t}{t_m}\right)^X \tag{3.7}$$

式中：t、v_m 分别为起步过程的时间与最终车速；X 为拟合系数，一般取0.5左右。若起重机在平坦路面上起动并加速，根据动力学方程，发动机的瞬态总功率为

$$\begin{aligned}P_{e-acc-all} &= P_{acc} + P_{f_r} + P_w \\ &= \frac{1}{3600\eta_T}(\delta \cdot M_{veh} v \frac{dv}{dt} + M_{veh} g \cdot f_r \cdot v + \frac{C_D A v^3}{21.15})\end{aligned} \tag{3.8}$$

式中：$P_{e-acc-all}$ 为加速过程总功率，kW；P_{f_r} 为滚动阻力功率，kW；P_{acc} 为加速功率，kW；P_w 为空气阻力功率，kW。

动力源在整车加速的最后时刻输出最大功率，因此，加速过程的最大功率要求：

$$\begin{aligned}P_{e-acc-max} = P_{e-acc-max}(t)|_{t=t_m} &= \frac{\delta M_{veh} v_m^2}{3600\eta_T dt}\left[1-\left(\frac{t_m-dt}{t_m}\right)^X\right] + \\ &\quad \frac{M_{veh} g f_r v_m}{3600\eta_T} + \frac{C_D A v_m^3}{76140\eta_T}\end{aligned} \tag{3.9}$$

式中：dt 为迭代过程的步长，通常取0.1 s。

整车动力性设计指标中的 $v_0 \sim v_t$ 加速时间 T，通常指起步加速时间（即 $v_0 = 0$）。把该加速指标代入上式，即可表示为

$$P_{e-max3} = f(T, v_t) = \frac{\delta M_{veh} v_t^2}{3600 \eta_T} \left[1 - \left(\frac{T - 0.1}{T} \right)^X \right] + \frac{M_{veh} g f_r v_t}{3600 \eta_T} + \frac{C_D A v_t^3}{76140 \eta_T} \quad (3.10)$$

因此，整车的功率要求可由加速末的最终车速与加速时间确定，合理计算从而为发动机总功率的设计提供合理的依据。基于以上由三项动力性指标计算得到的三项最大功率，发动机总功率必须同时满足以上的设计要求[62]，即

$$P_{e-total} \geq P_{e-max} = \max(P_{e-max1}, P_{e-max2}, P_{e-max3}) \quad (3.11)$$

一般情况下，还要考虑车辆的附件功率，如空调功率和蓄能器主动充能功率等，因此要留10%~20%的功率裕量，即

$$P_{e-total} = \lambda \cdot P_{e-max} \quad (3.12)$$

式中：λ 为功率裕量系数($1.1 < \lambda < 1.2$)。

3.2.2 液压蓄能器匹配

在液压混合动力系统中，液压蓄能器是能量存储元件。蓄能器可以储存车辆制动时的液压能，并能及时平衡系统压力。为了保证车辆制动过程中能量的最大回收，需要蓄能器能满足以下要求：①响应灵敏，储能单元能够快速响应制动系统的要求，尽可能快地启动制动能量的存储；②运行稳定可靠，蓄能器在蓄能过程中必须要保证较低的流量与压力波动，否则会造成系统的不稳定，影响辅助系统的能量回收效率；③使用寿命长，可以有效地进行能量回收并适当地降低成本，因此，液压制动系统的设计必须要考虑蓄能器的使用寿命情况。

蓄能器的关键参数，比如预充压力和质量、容积、最大工作压力和最小工作压力对蓄能器的使用性能有很大影响。蓄能器的体积大小与回收能量的能力息息相关，蓄能器的体积越大，所能回收的制动能量越多，其所

能提供的驱动力也就越大。但是蓄能器体积的增大无疑会增加车辆的制造成本及受车辆空间的限制。同时，也会增加整车质量，造成燃油经济性下降。

本书采用使用比较广泛的气囊式液压蓄能器。气囊式液压蓄能器需要确定的主要参数有预充气压力 p_0，蓄能器容积 V_0，最低工作压力 p_1 和最高工作压力 p_2。下面对液压蓄能器的工作参数和结构参数进行分析。根据波义耳-马略特（Boyle-Mariotte）定律：

$$p_0 V_0^n = p_1 V_1^n = p_2 V_2^n = \cdots = \mathrm{const} \tag{3.13}$$

式中：V_1 为气囊在最低工作压力 p_1 时所对应的气体体积，m³；V_0 为气囊在预充气压力 p_0 时所对应的气体体积，m³；n 为气体多变指数，等温过程为1，绝热过程为1.4；V_2 为气囊在最高工作压力 p_2 时所对应的气体体积，m³。

由于液压蓄能器在充能和放能时的速度很快，所以，可以近似认为蓄能器内部能量变化是绝热过程，取 $n=1.4$，得

$$V_0 = \frac{V_\mathrm{w}}{p_0^{0.714}\left[\left(\dfrac{1}{p_1}\right)^{0.714} - \left(\dfrac{1}{p_2}\right)^{0.714}\right]} \tag{3.14}$$

式中：n 为热力系数值，绝热过程中 n 取值为1.4；V_0 为压力 p_0 对应的蓄能器容积，L；p_1 为最低工作压力，MPa；

p_0 为预充气压力，MPa；

p_2 为最高工作压力，MPa；

V_w 为有效工作容积，L。

3.2.2.1 蓄能器的工作压力

为使液压混合动力系统具有较强的辅助转矩提供能力与制动能量回收能力，使得蓄能器的容积和初始压力需要向上选取。因此系统主动充能的压力上限值需要不小于最低工作压力。蓄能器的最高工作压力的确定，一方面需要考虑液压系统能提供的最大扭矩，另一方面必须保证液压混合动力系统在工作过程中的安全性。因此，蓄能器最高工作压力的取值不能高于混合动力液压系统所设定的最高工作压力以及二次元件的额定压力等。

第3章 动力系统关键元件参数优化匹配研究

其最低、最高工作压力的计算式应按下式计算[47]。

$$2\pi \frac{zr \cdot (M_{veh}gf + \dfrac{C_D A v_{avg}^2}{21.15})}{i_c i_g i_d \eta_T V_{P/M-max}} \leqslant p_1 < p_{ini-cha} \quad (3.15)$$

$$2\pi \frac{M_{veh}g \cdot f \cdot \cos\alpha + M_{veh}g \cdot \sin\alpha + \dfrac{C_D \cdot A}{21.15}v_{slop}^2}{i_c i_g i_d \eta_T V_{P/M-max}} \quad (3.16)$$

$$\leqslant p_2 < \min(p_{sys-max}, p_{P/M-max} \cdots)$$

式中：M_{veh} 为车辆质量，kg；f 为滚动阻力系数；α 为坡度角，°/rad；C_D 为空气阻力系数；A 为迎风面积，m²；$p_{sys-max}$ 为液压动力系统允许最高工作压力，MPa；p_2 为蓄能器最高工作压力，MPa；$p_{ini-cha}$ 为系统设定的主动充能压力，MPa；p_1 为蓄能器最低工作压力，MPa；$p_{P/M-max}$ 为液压二次元件的额定压力，MPa；v_{avg} 为车辆平均行驶速度，m/s；v_{slop} 为车辆爬坡速度，m/s；z 为制动强度；r 为车轮半径，m；i_g 为变速器传动比；i_d 为差速器传动比；i_c 为转矩耦合器传动比；η_T 为系统传动效率；$V_{P/M-max}$ 为液压泵/马达的最大排量，mL/r。

蓄能器的最高工作压力 p_2 的取值受液压管件、系统元件的型号与参数以及车辆使用过程中的可靠性与安全性影响。蓄能器的最高工作压力 p_2 需要根据液压系统多个元件所允许的最高工作压力 p_{smax} 确定。即满足：

$$p_2 \leqslant p_{smax} \quad (3.17)$$

式中：p_{smax} 为系统允许最高压力，MPa。

一般 p_1 与 p_2 的关系是 $p_2 \leqslant 3p_1$，根据经验公式，一般推荐 $p_2 = p_1 / (0.6 \sim 0.85)$。

预充压力为保证系统压力为最高工作压力 p_2 时蓄能器能正常释放液压能。在理论上，$p_0 = p_1$，但是，考虑到液压系统管路或元件存在泄漏的风险以及受预充气体温度的影响，应该使 $p_0 < p_1$，按 $0.25p_2 < p_0 < 0.9p_1$ 进行预充气。目前常用的经验公式[63]有：对于气囊式蓄能器，折合形气囊一般取 $p_0 = (0.8 \sim 0.85)p_1$，波纹形气囊一般取 $p_0 = (0.6 \sim 0.65)p_1$。

根据式（2.52），当满足蓄能器储能取极值条件时，蓄能器的预充气压力与最高压力满足关系：

$$\frac{1}{n}\left(\frac{p_{\max}}{p_0}\right)^{\frac{n-1}{n}} - 1 = 0 \qquad （3.18）$$

如果系统最高工作压力 $p_{\max}$ 确定，那么，通过式（3.18）就可以计算出预充气压力值 p_0。

参考经验数据，假设液压蓄能器容积为80 L，分别设定液压蓄能器的预充气体压力为10MPa、15MPa、17MPa，利用前置式液压混合动力起重机的AMESim仿真模型，对系统进行仿真，经过可视化后处理，能得到液压蓄能器的预充气压力对系统性能影响的仿真结果。

其中，蓄能器的工作压力波动的幅度相对较小，回收等量的制动能，系统工作压力的变化幅度随预充气体压力的增大呈小幅度变化，相反，预充气压力越小，其相对应的系统工作压力的变化幅度就越大；同样，液压蓄能器回收的能量也随着蓄能器预充气体压力的增大其回收能量的变化幅度也相对较小，预充气压力较小，其对应的蓄能器回收能量的变化幅度也较大。但就蓄能器所能回收的能量总量而言，随着预充气体压力的变大，蓄能器回收的能量较少，而预充气体压力较小的工况所能回收的能量却较多。

在液压蓄能器容积一定的情况下，液压蓄能器的最高工作压力越高，单独驱动车辆起动行驶的能力越强[47]。

3.2.2.2 蓄能器的容积

在蓄能器的最低、最高工作压力成功选定后，就需要对蓄能器的容积进行选取。为了提高分析效率，本书对蓄能器储能以及放能的动态过程进行了一定的简化。简化过程作出如下假设[64]：①将储能、放能的过程近似为绝热，无能量消耗；②将流动中的液压油视为层流，忽略液压油的压缩性；③最高工作压力 p_2、最低工作压力 p_1 已为确定参数。

由前面的分析可知，制动能量能被存储多少直接与蓄能器容积大小有关。在满负荷工况下，起重机以最高车速制动减速直至停车的过程中，必须保证液压混合动力系统保持连续工作。假设起重机行驶在铺装良好的平

第3章 动力系统关键元件参数优化匹配研究

整的路面上,在某初始速度下进行制动,根据能量守恒定律,车辆制动时的能量平衡方程为

$$\frac{1}{2}\delta M_{\text{veh}}(v_0^2 - v_t^2) = E_{\text{acc}} + E_{\text{f}} + E_{\text{w}} \quad (3.19)$$

式中：v_0 为车辆制动初始速度,m/s；v_t 为车辆制动 t 时刻的速度,m/s；M_{veh} 为起重机整装的质量,kg；E_{f} 为滚动阻力损失的能量,J；E_{acc} 为蓄能器制动回收的能量,J；E_{w} 为车辆克服迎风阻力消耗的能量,J；δ 为车辆旋转质量换算系数。

在起重机制动过程中的最后时刻,忽略制动器中的刹车片消耗的能量[13]。则由下式来计算车辆克服滚动摩擦损失的能量。

$$E_{\text{f}} = fGS_t = fM_{\text{veh}}gS_t \quad (3.20)$$

式中：f 为路面滚动阻力系数；G 为车重,N；S_t 为起重机在 t 时刻的制动位移,m。

当起重机制动初速度小于 30 km/h 时,可以忽略空气对车辆的阻力；当制动的初速度较大时,空气对车辆阻力所造成的能量损失可由下式来计算：

$$E_{\text{w}} = \int_0^t \frac{C_{\text{D}} \cdot Av_t^2}{21.15} S_t \text{d}t = \int_0^t \frac{C_{\text{D}} \cdot A(v_0 - a_{\text{b}}t)^2}{21.15} S_t \text{d}t \quad (3.21)$$

式中：a_{b} 为车辆制动减速度,m/s²。

制动过程中,车辆的制动能量被回收储存在液压蓄能器中,该过程中液压油受到压缩,同时对蓄能器的气体所做的功为

$$E_{\text{X}} = E_2 \eta_{\text{T}} \eta_{\text{hyd}} = \left[\frac{1}{2}\delta M_{\text{veh}}(v_0^2 - v_t^2) - M_{\text{veh}}g \cdot f \cdot S_t - \frac{C_{\text{D}} \cdot A}{21.15}(v_0 - a_{\text{b}}t)^2 \cdot S_t\right]\eta_{\text{T}} \eta_{\text{hyd}} \quad (3.22)$$

式中：η_{hyd} 为混合动力液压系统传动效率,一般为 0.85；

根据热力学第一定律[65],在制动能量回收过程中,液压蓄能器的容积选用标准需保证液压蓄能器足以吸收满载车辆在行驶过程中的最大动能,并有效降低速度(液压蓄能器的容积上限选用需要按照回收最大动能计

算），即

$$E_{\text{acc-max}} = -\int_{V_1}^{V_2} p\mathrm{d}V = -\int_{V_1}^{V_2} p_1\left(\frac{V_1}{V}\right)\mathrm{d}V = -p_1 V_1^n \int_{V_1}^{V_2} \frac{1}{V^n}\mathrm{d}V = \frac{p_1 V_1^n}{n-1}\left(V_2^{1-n} - V_1^n\right)$$

$$= \frac{p_1 V_1^n}{n-1}\left[\left(\frac{p_1}{p_2}\right)^{\frac{1-n}{n}} V_1^{1-n} - V_1^{1-n}\right] = \frac{p_1 V_1}{n-1}\left[\left(\frac{p_1}{p_2}\right)^{\frac{1-n}{n}} - 1\right] \quad (3.23)$$

当满载液压混合动力车辆以速度60 km/h开始制动至车辆停止，采用制动能量回收系统单独制动，此时，可回收的总制动能量为：$E = \frac{1}{2}\delta M_{\text{veh}} v_0^2$，其中可供液压再生系统回收的能量 $E_{\text{acc}} \approx 0.52E$。由此可求得 V_1 的值，可通过式 $V_0 = V_1\left(\frac{p_1}{p_0}\right)^{\frac{1}{n}}$ 计算蓄能器初始容积。

安全性是设计液压系统过程中必须要考虑的一个重要的因素，蓄能器最高压力的选取需考虑液压系统允许的峰值压力。同时，考虑到应保证系统具有足够的安全性，应使混合动力液压系统的峰值压力高于蓄能器最高工作压力。而控制系统压力的方法通常采用溢流阀设定背压的方法来控制，即液压蓄能器最低压力的选用取决于低压蓄能器和溢流阀形成的背压值大小。液压蓄能器的主要作用除了储能与释能外，其对于整个系统的压力有缓冲的作用。

根据相关经验，假设液压蓄能器的预充气体压力为16 MPa时，进行仿真，液压蓄能器的容积对系统性能影响的仿真结果如图3-1所示，由图中可见：在预充压力一定的前提下，如果液压蓄能器的容积越大，其工作压力在系统工作过程中的变化幅度越小，而系统的制动能量回收能力也越强，单独驱动车辆起动行驶的能力越强；而液压蓄能器的容量越小，则反之。采用大容积的液压蓄能器，系统的制动能量回收率得到了提高，但液压蓄能器的容积达到最优值后，随着蓄能器容积的继续增加，制动能量的回收率基本保持不变甚至略微降低。

此外，图3-1的系统性能影响结果表明，由于蓄能器具有很高的功率密度，使车辆可以很快加速到一定的瞬时功率，因此车辆的加速度的大小几乎不受蓄能器容积大小影响，体积大小的影响可以忽略。如果需要进一步改善车辆的加速性能，可以通过提高发动机的阈值功率或其下限，并改变蓄能器的充液状态或依然由发动机输出加速功率，但这样操作会导致车辆较低的燃油经济性。上面的分析表明，选定的蓄能器的容积大小直接影响着系统的再生能量，从而影响整机性能。因此，蓄能器总容积的选定，应根据车辆的类型、车辆上的布置形式及车辆的重量按实际需要来确定。在可充分回收制动能量的前提下，通常将蓄能器的容积选定在较小的水平。较小容积的蓄能器相对大容积蓄能器具有很好的燃油经济性能。

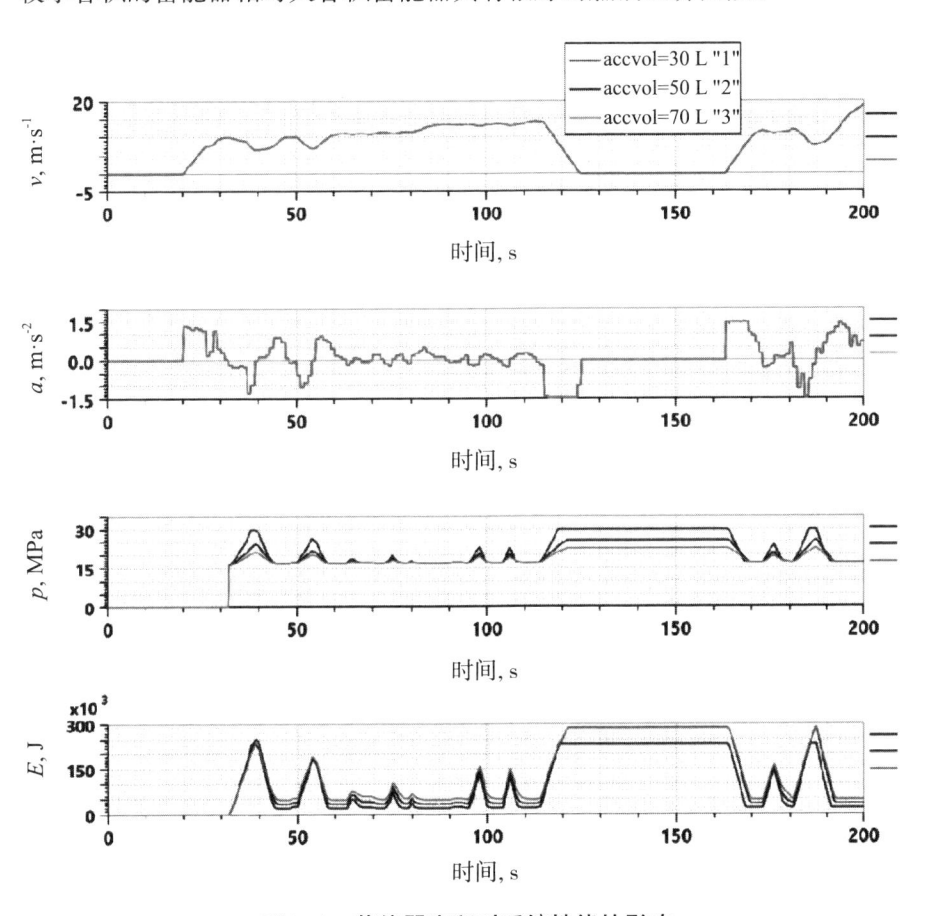

图3-1 蓄能器容积对系统性能的影响

3.2.3 液压二次元件参数匹配

在起重机的液压混合动力系统中，其核心元件是液压二次元件，由于其具有四象限的工作特性，可以在液压能与制动动能之间相互转化，配合液压蓄能器，即可实现对制动动能的回收与用于驱动的液压量的释放的全过程。液压再生制动系统可以单独为整机提供驱动或制动扭矩，因此，液压泵/液压马达既是制动元件，又是驱动元件。二次元件的功率和排量的选择需满足一定的配合要求，结合并联式液压混合动力系统运行特点，在回收车辆制动能量的期间，混合动力系统一方面提供了足够的制动力矩迫使车辆减速，另一方面也尽可能多地将车辆制动能量进行回收。之后，当起重机需要起步加速时，液压混合动力系统可以独立驱动起重机。由于液压泵/液压马达一般为变量的二次元件，因此其结构基本均为斜盘柱塞式，该结构通过改变其斜盘倾角便可实现起重机无级变速。所以，液压二次元件的参数匹配计算需要满足在规定时间内独立驱动车辆，并使车辆速度达到要求值。

液压二次元件排量 $V_{P/M}$ 对系统性能的影响如图3-2所示。从图中可以看到，在蓄能器容积一定的情况下，随着泵/马达排量的增大，系统液压蓄能器所回收和释放的再生制动能量、蓄能器的功率以及液压二次元件的转矩都有所增大，但蓄能器的功率以及液压二次元件的转矩的变化幅度较液压蓄能器所回收和释放的幅度小。这是因为混合动力系统能量的回收与利用效果随着液压二次元件的排量的增大，系统回收的能量增多，输出的功率与转矩更大，进而动力辅助的作用更加明显。并且，液压二次元件的排量对整车油耗的影响作用更大，这是因为液压二次元件排量直接反映为扭矩耦合结构中辅助动力源所能够提供扭矩的大小，液压二次元件扭矩越大对发动机工作点的调节效果也越好，进而使节能效果越好[66]。

在选择液压泵/马达时其参数应依据车辆行驶工况来进行参数匹配与选型，即液压泵/马达应满足启动发动机能力、再生制动能力、单独驱动能力，最大速度行驶及爬坡能力要求。

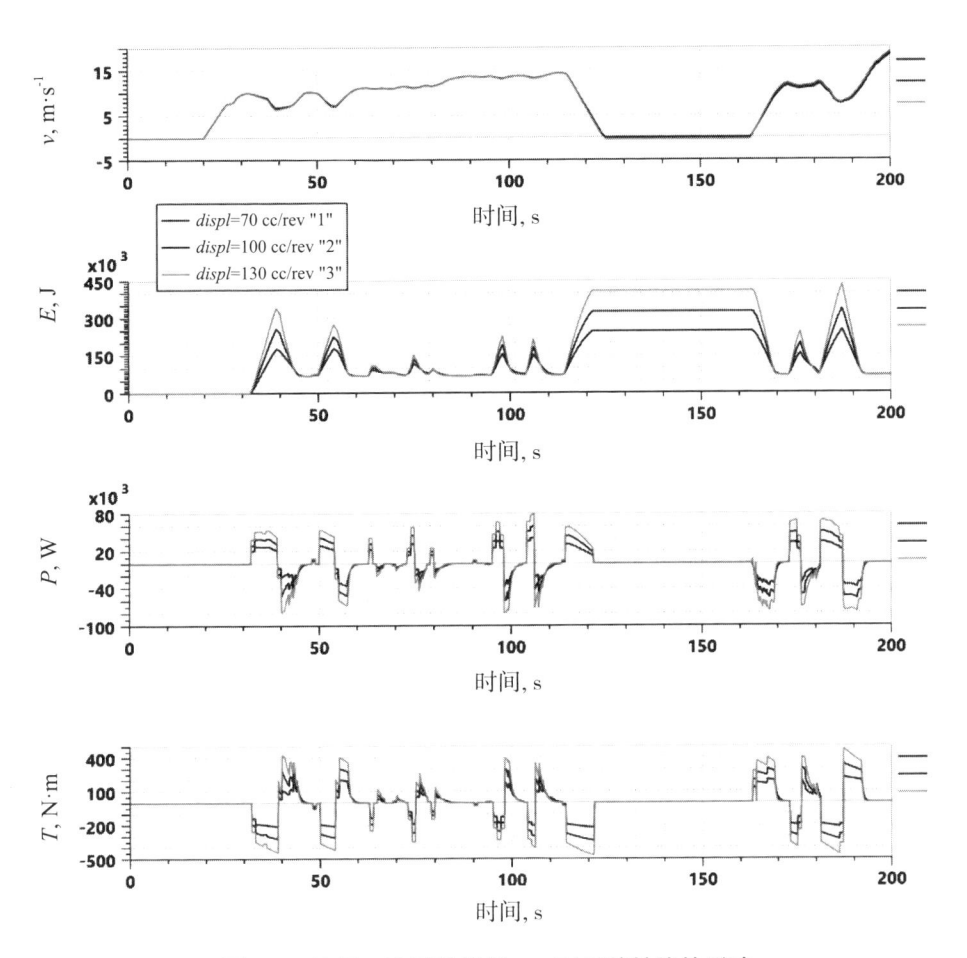

图3-2 液压二次元件排量$V_{P/M}$对系统性能的影响

1. 启动发动机能力。由混合动力的节能机理表明,整车燃油经济性受到怠速的极大影响。因此,发动机的启停必须受到严格控制。这要求液压二次元件必须具有瞬间启动发动机的能力,即

$$P_{P/M-start} = \frac{1}{1000 t_{start}} \int_0^{\omega_{idle}} J_e \omega_e d\omega_e + \frac{T_d \omega_{idle}}{1000} \quad (3.24)$$

式中:$P_{P/M-start}$为液压二次元件启动发动机的功率,kW;J_e为发动机转动

惯量；t_{start} 为液压马达启动发动机时间，s；ω_e 为发动机转速；ω_{idle} 为怠速转速，rad/s；T_d 为发动机摩擦转矩，Nm。

2. 再生制动能力。在液压混合动力起重机液压制动过程中，液压二次元件处于泵工况，其作为能量转换装置将整机的制动能量转换为液压能并存储于液压蓄能器中，储能同时也产生相应的负转矩来制动起重机。因此，惯性能的回收效率对混合动力系统的节能效果有着很大的影响。从液压泵/马达元件特性来看，排量越大，液压泵所能提供的制动转矩就越大，则再生制动能力越强。因此，在保证车辆及人员安全的前提下，对车辆制动能量的回收越多越好，并且理论上讲，液压二次元件的排量也是越大越好。但从降低成本角度看，液压二次元件的功率在满足混合动力起重机对性能要求的情况下，应尽可能减小。因此，在整车设计时，需要综合考虑如成本因素、蓄能器容积、液压混合动力系统所允许的最高工作压力以及起重机的内燃机、空间分配布置、两种动力源的优化匹配等。液压二次元件的选择，在保证安全性能前提下，首先需要满足系统的再生制动能力需求。通常情况下，在开发整车产品时，液压二次元件的排量的设计主要以回收平均车速下的制动动能为主要目的。

起重机制动强度和平均速度分布随工况不同也有极大的不同，其制动强度一般分为轻度（$z \leqslant 0.1$）、中度（$0.1 < z \leqslant 0.7$）和紧急制动（$0.7 < z$）三种情况。

对于汽车起重机来说，在市内行驶的情况较多，起重机的平均车速与最大车速较低，并需要频繁刹车减速。因此，大多数制动属于轻度制动。所以，当制动强度 $z \leqslant 0.1$ 时可通过液压混合动力系统输出完整制动力，回收刹车能量。对于中度制动 $0.1 < z \leqslant 0.7$ 的情况，依据ECE制动法规，可采用摩擦制动与液压混合动力制动共同提供制动力矩的联合制动模式。而制动强度 $0.7 < z$ 时，应将车辆的安全性放在首要位置，此时不考虑制动系统回收能量，而由摩擦制动提供全部制动力矩[48]。综上，液压泵/马达应保证在 $z \leqslant 0.1$ 时为起重机提供全部制动力矩，即低强度制动时，液压泵/马达（泵工况）应达到的转矩为

第3章 动力系统关键元件参数优化匹配研究

$$T_{P/M} = \frac{p_1 \cdot V_{P/M-max}}{2\pi \eta_{P/M-wheel}} = \frac{z \cdot r}{i_{P/M-wheel}} (M_{veh} g f_r + \frac{1}{2}\rho C_D A v^2) \quad (3.25)$$

式中：$\eta_{P/M-wheel}$ 为液压二次元件（到车轮部分）的总传动效率；$i_{P/M-wheel}$ 为液压二次元件到车轮部分的总传动比。$T_{P/M}$ 为液压二次元件的转矩，Nm；p_1 为蓄能器最低工作压力，MPa；$V_{P/M-max}$ 为液压二次元件的最大排量，ml/r；z 为制动强度；M_{veh} 为整车质量，kg。

液压泵/马达制动时的功率平衡方程为

$$P_{P/M-brake} = T_{P/M} \cdot \omega_{P/M} = \frac{z \cdot r}{i_{P/M-wheel}} (M_{veh} g f_r + \frac{1}{2}\rho C_D A v^2)\omega_{P/M} \quad (3.26)$$

式中：$P_{P/M-brake}$ 为液压二次元件制动时的输出功率，kW；$\omega_{P/M}$ 为液压二次元件的角速度，rad/s。

3. 单独驱动能力。起动时，液压二次元件工作于马达工况，驱动混合动力车辆起步，液压蓄能器可以提供一部分或者是全部的驱动能量[46]。与传统汽车动力学公式相似，混合动力起重机由液压助力系统单独驱动整车时车辆的行驶驱动转矩为

$$F_{P/M} = \frac{T_{P/M} \cdot i_{P/M-wheel} \cdot \eta_{P/M-wheel}}{r} \quad (3.27)$$

式中：$T_{P/M}$ 为液压二次元件的输入转矩，Nm；$F_{P/M}$ 为由液压二次元件提供的车轮驱动力，N；r 为车轮滚动半径，m；$\eta_{P/M-wheel}$ 为液压二次元件到车轮部分的系统整体传动效率；$i_{P/M-wheel}$ 为液压二次元件到车轮部分的系统总传动比。

在液压二次元件单独驱动时，车辆的行驶加速度为[12]

$$\frac{dv}{dt} = \frac{F_t - F_w - F \cdot f_r}{\delta \cdot M_{veh}} = \frac{F_{P/M-M} - F_w - F_{f_r}}{\delta \cdot M_{veh}} \quad (3.28)$$

式中：F_t 为车辆行驶驱动力，N；$F_{P/M-M}$ 为液压二次元件提供的驱动力，N；F_{f_r} 为车轮滚动阻力，N；δ 为旋转质量换算系数；M_{veh} 为整车质量，kg。

对式（3.28）进行积分，则车辆从静止加速到速度 v 所用的时间 t 可表示为

$$t = \frac{1}{3.6} \int_0^v \frac{\delta \cdot M_{\text{veh}}}{F_{\text{P/M-M}} - F_w - F_{f_r}} dv \qquad (3.29)$$

如果不考虑能量转换过程中的能量损失，则液压泵/马达（制动时是泵工况）的功率方程为：

$$P_t = pQ_t = \frac{pVn}{60} = \frac{\pi T_t n}{30} \qquad (3.30)$$

式中：P_t 为理论功率，kW；p 为额定压力，MPa；Q_t 为理论流量，m³/s；T_t 为理论输出转矩，Nm；n 为转速，r/min。

将式（3.26）代入式（3.27），得液压泵/马达驱动时功率平衡方程为

$$P_{\text{P/M-drive}} = T_{\text{P/M}} \cdot \omega_{\text{P/M}} = \frac{F_t r}{i_{\text{P/M-wheel}} \cdot \eta_{\text{P/M-wheel}}} \omega_{\text{P/M}} = \frac{F_t \cdot v}{\eta_{\text{P/M-wheel}}} \qquad (3.31)$$

式中：$P_{\text{P/M-drive}}$ 为泵/马达驱动时输出功率，kW；$T_{\text{P/M}}$ 为泵/马达输出转矩，Nm；$\omega_{\text{P/M}}$ 为泵/马达输出角速度，rad/s；v 为车辆速度，m/s。

在车辆处于行驶工况时，假设液压动力系统独立驱动车辆匀速行驶在无风、平直良好的沥青路面上，液压泵马达在设定的平均压力工作时，液压二次元件的最小输出功率应该能够满足车辆行驶的功率要求：

$$P_{\text{P/M-drive-}v_{\text{avg}}} = \frac{1}{3600\eta_{\text{P/M-wheel}}}[fM_{\text{veh}}g + \frac{C_D A v_{\text{avg}}^2}{21.15}]v_{\text{avg}} \qquad (3.32)$$

式中：$P_{\text{P/M-drive-}v_{\text{avg}}}$ 为液压泵/马达以平均车速驱动时的输出功率，kW；v_{avg} 为车辆平均速度，km/h。

液压泵/马达在液压蓄能器设定最高压力时工作，应满足车辆以最大行驶速度 v_{max} 在平直路面上行驶以及以斜坡速度 v_{slop} 在坡度为 α 的坡度上爬坡行驶时对爬坡能力的功率需要。所要求的液压二次元件输出功率分别见式（3.33）（3.34），即

$$P_{\text{P/M-drive-}v_{\text{max}}} = \frac{1}{3600\eta_{\text{P/M-wheel}}}[fM_{\text{veh}}g + \frac{C_D A v_{\text{max}}^2}{21.15}]v_{\text{max}} \qquad (3.33)$$

$$P_{\text{P/M-drive-}v_{\text{slop}}} = \frac{1}{3600\eta_{\text{P/M-wheel}}}$$

$$[fM_{veh}g\cos\alpha + M_{veh}g\cdot\sin\alpha + \frac{C_D A v_{slop}^2}{21.15}]v_{slop} \quad (3.34)$$

起重机爬大坡时车速较低,这时,空气阻力可以被忽略,则起重机在爬大坡时的最大驱动力为

$$P_{\text{P/M-drive-}v_{slop}} = \frac{v_{slop}}{3600\eta_{\text{P/M-wheel}}}[fM_{veh}g\cos\alpha + M_{veh}g\cdot\sin\alpha] \quad (3.35)$$

式中: $P_{\text{P/M-drive-}v_{max}}$ 为液压泵/马达以最高车速驱动时的输出功率,kW; $P_{\text{P/M-drive-}v_{slop}}$ 为液压泵/马达以爬坡车速驱动时的输出功率,kW; $\eta_{\text{P/M-wheel}}$ 为液压泵/马达到车轮部分的总传动效率; v_{max} 为车辆的最高车速,km/h; v_{slop} 为车辆的爬坡速度,km/h。

综上,液压泵马达功率,液压泵/马达单独驱动车辆行驶时输出的最小功率须满足上述要求的功率,应取三者中的最大值,满足式(3.36)。即

$$P_{\text{P/M-min}} = \max(P_{\text{P/M-start}}, P_{\text{P/M-brake}}, P_{\text{P/M-drive-}v_{avg}}, P_{\text{P/M-drive-}v_{max}}, P_{\text{P/M-drive-}v_{slop}}) \quad (3.36)$$

根据液压二次元件的预选功率,以及通过查阅产品手册,再选择确定合适功率的液压泵/马达型号。在实际工况中,液压二次元件的转速、流量及压力变化速度快、变化幅度大。所以,为保证系统具有一定的功率裕量,液压二次元件功率可在所需功率的1.25~1.6倍范围内选取。

3.3 系统关键部件参数优化

对于并联式液压混合动力起重机而言,其动力系统要比传统起重机复杂得多。在混合动力起重机关键部件的主要参数初步匹配以后,如何优化这些参数(混合动力技术的核心内容之一)以提高液压混合动力起重机整车性能与系统效率,是降低燃油消耗和减少排放目标的关键。混合动力汽车的动力系参数优化数学模型是一种典型的多目标优化问题的模型,其中目标包括动力性、经济性和排放性、生产成本等,具有多维、非线性、带约束等特点。因此,在本书中,对该问题的处理方法是:以混合动力起重机的动力性作为约束条件,在前面(3.2节)动力系统参数初步匹配的基础

上，本节将进一步对混合动力系统各部件参数进行合理的优化匹配，以达到系统的最佳性能。

3.3.1 多目标优化问题及相关概念

多目标优化问题的目的是在给定条件下求得满足需求的最优结果，主要由优化目标、决策变量和约束条件等三个要素构成。通常，可将一般优化问题扩展到多目标优化问题上，由于各个决策变量对每个目标均有影响，由此可建立多目标优化问题[67]（multi-objective optimization problem，MOP）的数学描述。即一般求解多个目标同时达到最小值或者最大值的问题，其数学模型定义如下。

【定义3.1】MOP问题[68]：通常，一个具有n维决策变量、m维子目标的MOP可表述如下（不失一般性，优化问题可假设以求最小化为例）：

$$\begin{aligned}
\min \quad & u = F(x) = [f_1(x), f_2(x) \cdots f_m(x)] \\
s.t. \quad & \begin{cases} g_j(x) \leqslant 0, j = 1, 2, \cdots, n \\ h_k(x) = 0, k = 1, 2, \cdots, n \end{cases} \\
d.v. \quad & X = [x_1, x_2, \cdots x_n]
\end{aligned} \quad (3.37)$$

式中：$F(x)$为目标函数，定义了m个由决策空间X向目标空间u的映射函数；h_k为k维等式约束向量；n为决策变量的个数，组成X决策空间；u为m维目标空间；g_j为j维不等式约束向量。

基于液压混合动力起重机的动力系统参数优化本质上是一个多目标优化问题（MOP-multi-objectives optimization problem），与单目标优化问题（single-objectives optimization problem-SOP）不同，在多目标优化问题中，每个优化对象之间通常是互相冲突的，某一个目标性能的提升伴随着另外目标性能的下降，不存在绝对最优解，实际上各个目标之前相互制约、折中，会得到一个较优解，可求得一组Pareto最优解集。对于Pareto最优解集的定义，可以用图3-3所示的图示方法表示。

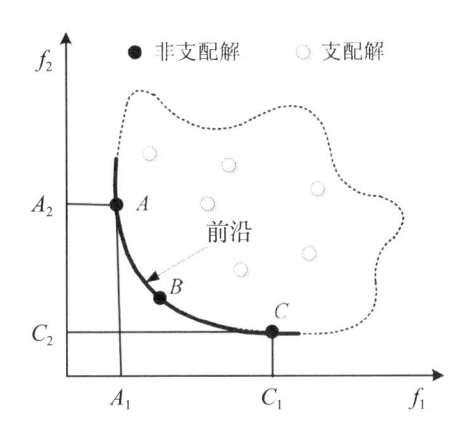

图3-3　Pareto解集分布示意图

f_1、f_2分别为待求目标向量的评价值（以最小值为例），虚线所包围的区域为可行域，对于每一个实心的解A、B、C，当优化模型为最小化模型的时候，都无法找到另外的一个解使f_1值和f_2值比这些实心解更小，所以，ABC都是非支配解。同时，多目标优化问题的复杂性主要表现在每个子目标之间是方向相反、相互矛盾的（如图3-3所示的优化模型，目标函数f_1和f_2方向相反，$A_1<C_1$且$A_2>C_2$），针对某个目标的单一改善，可能会使其他目标向相反方向变化。若想要获得多个目标均达到最优是不可能的，问题的一种解在某个或可能其中某些目标上是最优的，但在其他目标上却极有可能是最差的，通常不能判断优劣，应将其视为同一级别的解，即A、B、C均为最优解，A、B、C所在的曲线就为最优前沿。所以，针对多个目标，需要研究目标间的相互关系及影响情况，从而保证每个目标函数所构成的集合尽可能达到最优。现实生活中，MOP问题的Pareto最优解并不唯一，而是一组可接受的"不坏"解，数量非常多[69]。

3.3.2 多目标优化问题求解方法

MOP问题常用的方法主要有归一化和非归一化两种，其中，非归一化（矢量）方法主要采用Pareto机制，该方法可以让所求解集的前沿与Pareto前沿的距离最小，但计算复杂。另外一种方法是归一化（scalar）方法（又称标量化方法），顾名思义，归一化方法是将多目标整合为单目标再进行处理。常用的归一化方法有：权重系数变换法，约束法，目标规划法和最小最大法等。其中，权重系数变换法是处理多目标问题时最简单、最容易的一种方法，得到了广泛应用。在混合动力车辆的优化中，目前的主流做法是采用权重系数变换法将多个优化问题合并为单目标问题进行优化。所谓权重系数变换法（也叫加权求和法）就是对于一个多目标的优化问题，若给每个目标函数 $f(x_i)(i=1,2,\cdots m)$ 赋予权重 $w_i(i=1,2,\cdots m)$，其中 w_i 为相应的 $f(x_i)$ 在多目标优化中的权值大小，则各个子目标函数 $f(x_i)$ 线性加权和表示为

$$\min\ u = F(x) = [f_1(x), f_2(x) \cdots f_m(x)]$$

$$\Rightarrow \begin{cases} u = \sum_{i=1}^{m} w_i \cdot f(x_i) \\ \quad = F(x) = w_1 \cdot f_1(x) + w_2 \cdot f_2(x) + \cdots + w_m \cdot f_m(x) \\ \sum_{i=1}^{m} w_i = 1 \\ w_i \geq 0, i = (1, 2, \cdots m) \end{cases} \quad (3.38)$$

式中：$f_m(x)$ 为系统优化目标，由 m 维向量组成；u 为加权求和后的综合评价指标。w_m 为给定的加权系数，满足所有系数之和为1，且系数不为负数。

若将 u 作为多目标优化问题的评价函数，则多目标优化问题就可以转换为单目标优化问题。

3.3.3 改进多目标粒子群算法（IMOPSO）

Coello等人[70]于2002年首次提出了多目标粒子群的优化算法，旨在求解MOP优化问题，是历史上第一次将粒子群优化算法在MOP领域中进行应用。在2004年，Coello等人对多目标粒子群算法进行了优化改进，该算法建立了自适应的外部网格机制，当粒子进行变异时，将粒子群取值范围同样进行相应的变异改进。

MOPSO算法流程如图3-4所示，粒子的变异、"飞翔"过程如图3-5所示。

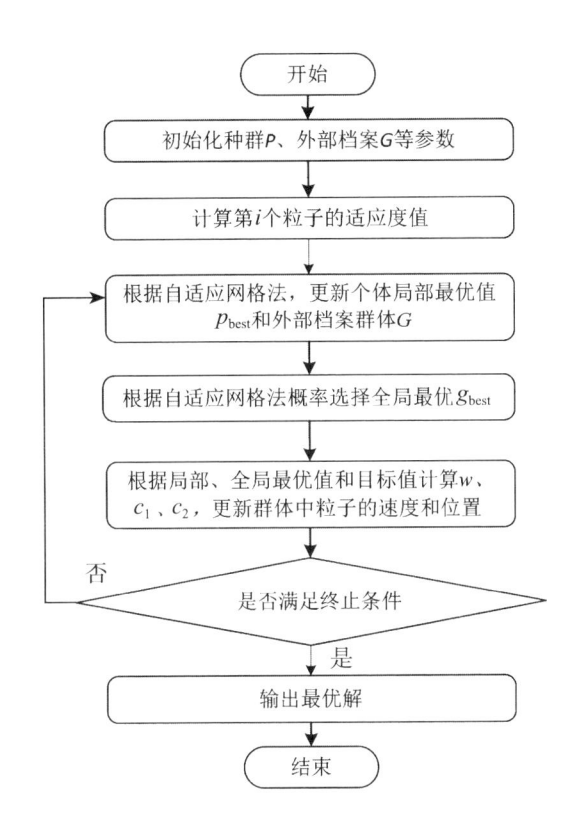

第3章 动力系统关键元件参数优化匹配研究

图3-4 多目标粒子群优化算法流程图

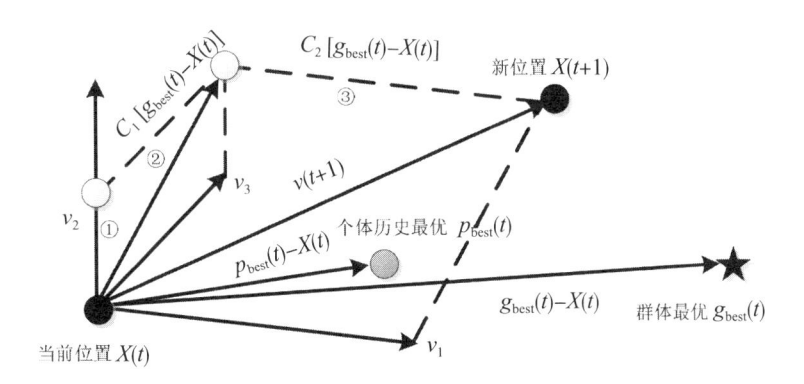

图3-5 粒子"飞翔"过程示意图

在经典的多目标粒子群优化算法中，对惯性权重的设置[71]如式（3.39）所示。

$$w(t+1) = w_{\max} - \frac{t \cdot (w_{\max} - w_{\min})}{iter_{\max}} \quad (3.39)$$

式中：$iter_{\max}$ 为最大迭代次数；$w_{\min}$ 为最终的惯性权重值，通常 $w_{\min} = 0.4$；$w_{\max}$ 为初始惯性权重值，通常 $w_{\max} = 0.9$。

在这种算法中，w 值与当前和最大迭代次数有关，而对粒子的局部、全局最优值以及适应度值完全忽略了，而这些值却是非常重要的，结果极易陷入局部最优，导致优化效率不高。针对以上问题，本书将粒子的历史信息用进化速度进行表达。提出一种基于系数均衡的改进的多目标粒子群优化算法（a improved multi-objective particle swarm algorithm，IMOPSO）。通过分析进化粒子与全局、局部引导粒子之间的空间关系，来引导种群的进化方向，通过动态速度项系数的动态调整，来加快搜索的速度。第 i 个粒子在 $t+1$ 时刻的粒子速度和位置更新方程，如式（3.40）所示：

$$\begin{cases} v_i(t+1) = w_{new} v_i(t) + C_{1i} r_1 (pbest_i - X_i(t)) + C_{2i} r_2 [gbest_i - X_i(t)] \\ X_i(t+1) = X_i(t) + v_i(t+1) \end{cases} \quad (3.40)$$

式中，第一项系数 w_{new} 能够使粒子保持以往的惯性，不仅影响着算法的收敛能力，同时还影响着局部（w_{new} 较小时，对算法收敛有力）、全局（w_{new} 较大时，对算法跳出局部极小点有利）的搜索能力。因此，通过调节方程的系数，可以灵活控制IMOPSO算法的探索过程。第二项是自我认知部分，即对自身历史的认知与思考。第三项是社会认知部分，即粒子在粒子群中的信息共享与相互之间的合作。

粒子的进化速度与飞行速度往往呈负相关。通过阅读有关文件，算法具体过程如下：式（3.41）表示粒子惯性权重，式（3.42）表示每个粒子进化速度。

$$w_i(t+1) = w_{\max} \cdot [1 - \frac{1}{\sqrt{f_{pgbest}(t) - f_i(t)^2 + hv_i(t)^2 + 1}}] \quad (3.41)$$

$$hv_i(t) = \frac{1}{\sqrt{f_{pgbest_i}(t-1) - f_{pgbest_i}(t-2)^2 + 1}} \quad (3.42)$$

第3章 动力系统关键元件参数优化匹配研究

$$w_{\text{new}} = \max\left[w_i(t+1), w(t+1)\right] \quad (3.43)$$

式中：w_i 为第 i 个粒子的惯性权重；f_i 为第 i 个粒子的函数值；f_{pgbest_i} 为第 i 个粒子的局部最优函数值，它代表了粒子 i 的历史信息；f_{pgbest} 为全局最优函数值；hv_i 为第 i 个粒子的进化速度。

由式（3.41）可知，第 i 个粒子的下一代惯性权重由全局最优函数值 f_{pgbest} 与第 i 个粒子的当代函数值之差以及第 i 个粒子的进化速度 hv_i 得出，所以，第 i 个粒子的惯性权重会随着进化速度的变化而变化。在经过实验验证后，得出式 3.43，这种算法克服了早期 MOPSO 算法中静态的 w_{new} 值，使算法可以适应不同的问题。取传统的惯性权重和自适应惯性权重中相对较大的一个值，去平衡整个粒子群算法，从而避免部分粒子在运动的过程中陷入局部最优。

局部最优系数为如式（3.44）所示，其值的设定对个体极值的寻优影响很大。

$$c_{1i} = \frac{\pi}{6} - \arcsin\left(\frac{1}{\sqrt{f_{\text{pgbest}_i}(t) - f_i(t)^2 + 1}}\right) \quad (3.44)$$

式中：f_{pgbest_i} 为第 i 个粒子的局部最优值；f_i 为第 i 个粒子的目标值。

从式（3.46）可以看出，局部最优系数 c_{1i} 会随着当前粒子的局部最优函数值 f_{pgbest_i} 与第 i 个粒子的目标值之间的差距的增大而增大，这样，局部最优系数 c_{1i} 就会有利于算法的寻优，加速收敛。

全局最优系数如式（3.45）所示，其值的设定对粒子的进化速度影响很大。

$$c_{2i} = \frac{2\pi}{3} - \arcsin\left(\frac{1}{\sqrt{f_{\text{pgbest}}(t) - f_i(t)^2 + 1}}\right) \quad (3.45)$$

式中：$f_{\text{pgbest}}(t)$ 为全局最优函数值；f_i 为第 i 个粒子的目标值。

从式（3.45）可以看出，全局最优系数 C_{2i} 会随着当前粒子的全局最优函数值 $f_{\text{pgbest}}(t)$ 与第 i 个粒子的目标值之间的差距的增大而增大，这样，全局最优项系数 C_{2i} 就会对粒子达到全局最优起到一个加速的作用。

3.3.4 基于IMOPSO算法的系统关键部件参数优化匹配分析

液压混合动力起重机的优化设计，主要目标是能够回收较多制动过程中的能量、提高起重机动力性能及响应性能、降低燃油消耗、降低整车成本。

3.3.4.1 优化目标函数

为了使并联式液压混合动力起重机在制动过程中能回收更多的势能能量、提高整车的动力性能、降低燃油消耗及排放情况，提升整车使用性能，降低整车造价成本。需要建立优化目标函数，在一个空间区域内寻找满足性能指标的最优解，即在给定的各变量参数的取值范围内寻找使全局达到最优解而非局部最优解的求解过程。本书的动力系统的参数优化与匹配选用了以下几个目标。

目标一：制动能量再生能力

液压混合动力汽车起重机的制动能量再生能力，一般用制动能量回收效率表示，即用蓄能器回收的能量与车辆制动能量之比表示，如式（3.46）所示。

$$\eta = \frac{E_{\text{acc-max}}}{E_{\text{avg}}} = \frac{\frac{p_1 V_1}{n-1}[(\frac{p_2}{p_1})^{\frac{n-1}{n}}-1]}{\frac{1}{2}M_{\text{veh}}v_{\text{avg}}^2} \quad (3.46)$$

式中：p_1 为液压蓄能器最低工作压力，MPa；p_2 为液压蓄能器最高工作压力，MPa；V_1 为最低工作压力 p_1 下的液压蓄能器容积，L；v_{avg} 为平均巡航车速，m/s。

目标二：动力性能

车辆动力性能主要通过最高车速、加速时间和最大爬坡度等三个性能指标进行评定[71]。传统起重机最高车速、最大爬坡度及最大加速度均由发动机提供动力进行驱动，而对于本书提出的并联式液压混合动力车辆模型，最高车速以及最低车速均由液压辅助动力系统来提供动力，以起到"削峰填谷"的作用。其中最高车速通常发生在平直的路面上，比如高速公路。那么，车辆在以最高车速匀速行驶时，驱动力等于车轮滚动阻力与风阻之和，即

$$F_\text{t} = M_\text{veh}gf + \frac{C_\text{D}Av_\text{max}^2}{21.15} = \frac{i_\text{P/M-wheel} \cdot \eta_\text{P/M-wheel}T_\text{P/M}}{r} \quad (3.47)$$

整理得

$$v_\text{max} = \sqrt{\frac{21.15}{C_\text{D}A}\left(\frac{i_\text{P/M-wheel} \cdot \eta_\text{P/M-wheel}T_\text{P/M}}{r} - M_\text{veh}gf\right)} \quad (3.48)$$

车辆的加速性能的评定指标通常为车辆原地起步加速时间、行驶超车加速时间。但是在行驶超车加速时间上还没有完全一致的规定，对此，本书只考查前者的指标：原地起步加速时间。而原地起步加速时间的评价指标又可分为：固定行程所需时间、固定速度所需时间，一般通常采用后者。

那么，对于坡度为 α 的铺装路面而言，混合动力起重机由液压助力系统单独驱动整车时车辆的行驶加速度[72]为

$$\frac{\text{d}v}{\text{d}t} = \frac{F_\text{t\_hyd-motor} - F_\text{f} - F_\text{w} - F_\text{j}}{\delta \cdot M_\text{veh}} \quad (3.49)$$

式中：$F_\text{t\_hyd-motor}$ 为车辆某挡位最大纯液压驱动力，即液压马达输出转矩到车轮部分的驱动力，N；F_f 为车辆行驶过程中车轮的滚动阻力，N；F_w 为车辆行驶过程中的空气阻力，N；F_j 为车辆行驶过程中的坡度阻力，N；δ 为车辆行驶过程中旋转部分的等效平移系数。

混合动力起重机由纯液压驱动行驶，由式（3.50）可知，从静止状态开始起步加速，直至车速达到 v 时的加速时间 t_acc 为

$$t_\text{acc} = \frac{1}{3.6}\int_0^v \frac{\delta \cdot M_\text{veh}}{F_\text{t\_hyd-motor} - F_\text{f} - F_\text{w} - F_\text{i}}\text{d}v \quad (3.50)$$

式中：t_acc 为纯液压驱动时，车辆以某挡位从静止加速到速度 v 的时间，min。

爬最大坡度时，车辆以较低速度行驶，此时车辆的驱动轮所需驱动力最大，这时驱动力应该由发动机和液压辅助系统共同提供，发动机以最大扭矩工作、液压泵/马达应该以最大排量工作，即

$$F_{\text{t-slop-max}} = M_{\text{veh}}g \cdot f \cdot \cos\alpha + M_{\text{veh}}g \cdot \sin\alpha + \frac{C_D \cdot A}{21.15}v_{\text{slop}}^2$$
$$= \frac{i_{\text{P/M-wheel}} \cdot \eta_{\text{P/M-wheel}} T_{\text{P/M-max}} + i_{\text{e-wheel}} \cdot \eta_{\text{e-wheel}} T_{\text{e-max}}}{r} \quad (3.51)$$

式中：$F_{\text{t-slop-max}}$ 为车辆以某挡位爬最大坡度时的驱动力，s；$T_{\text{e-max}}$ 为车辆以某挡位爬最大坡度时发动机的最大扭矩，Nm；$i_{\text{e-wheel}}$ 为发动机输出端到车辆驱动轮部分的总传动比；$\eta_{\text{e-wheel}}$ 为发动机输出端到车辆驱动轮处的总传动效率。

由于滚动阻力系数 f 通常为一个很小的值（良好路面上 $f < 0.02$），可以将上式（3.51）近似简化为

$$F_{\text{t-slop-max}} = M_{\text{veh}}g \cdot \sin(\alpha + \varepsilon) + \frac{C_D \cdot A}{21.15}v_{\text{slop}}^2$$
$$= \frac{i_{\text{P/M-wheel}} \cdot \eta_{\text{P/M-wheel}} T_{\text{P/M-max}} + i_{\text{e-wheel}} \cdot \eta_{\text{e-wheel}} T_{\text{e-max}}}{r} \quad (3.52)$$

式中：ε 代表一个正弦值为 f 的角度，则坡度可以表示为

$$\alpha = \sin^{-1}\left\{\frac{\dfrac{i_{\text{P/M-wheel}} \cdot \eta_{\text{P/M-wheel}} T_{\text{P/M-max}} + i_{\text{e-wheel}} \cdot \eta_{\text{e-wheel}} T_{\text{e-max}}}{r} - \dfrac{C_D \cdot A}{21.15}v_{\text{slop}}^2}{M_{\text{veh}}g}\right\} - \varepsilon$$
$$(3.53)$$

可以发现，式（3.49）（3.51）和（3.52）具有相同的动力性能评价，且均包含有驱动力与整车质量，因此，在进行评价车辆的动力性能时，只需要选择参数完整的便可以满足需求。本书拟将动力性能评价的目标函数设定为加速时间 T_{acc}。

目标三：车重增加导致油耗的增加

$$Q_{\text{add}} = [f(V_{\text{acc}}) + f(V_{\text{P/M}}) + f(V_{\text{T-C}}) + m]\frac{\sum(Q_a + Q_s + Q_d + Q_{id})}{m} \quad (3.54)$$

式中：$f(V_{\text{acc}})$ 为液压蓄能器重量拟合函数，

$f(V_{\text{acc}}) = 0.0002V_{\text{acc}}^2 + 0.5102V_{\text{acc}} + 11.5832$；

$f(V_{\text{P/M}})$ 为液压二次元件重量拟合函数，

$f(V_{\text{P/M}}) = -0.0007V_{\text{P/M}}^3 + 0.00849V_{\text{P/M}}^2 + 0.5847V_{\text{P/M}} + 33.8273$；

Q_{a}，Q_{s} 为车辆在加速、恒速时的油耗，L/100km；

Q_{d}，Q_{id} 为车辆在减速、怠速时的油耗，L/100km；

$V_{\text{P/M}}$ 为液压泵/马达的排量，ml/r。

目标四：整车价格的增加

$$Price_{\text{phhc}}(V) = f_{\text{price}}(V_{\text{acc}}) + f_{\text{price}}(V_{\text{P/M}}) + f_{\text{price}}(V_{\text{T-C}}) \quad (3.55)$$

式中：$f_{\text{price}}(V_{\text{P/M}})$ 为液压二次元件价格拟合函数；$f_{\text{price}}(V_{\text{acc}})$ 为液压蓄能器的价格拟合函数；$f_{\text{price}}(V_{\text{T-C}})$ 为转矩耦合器的价格拟合函数。

多目标优化问题的最优解与各个子目标最优解是息息相关的，往往存在一个子目标性能的提升导致另一个子目标性能的下降，即各子目标不可能同时达到最优。为了减少各优化目标之间的冲突，尽可能保留信息完整程度，需要进行目标的归一化处理，即

$$F(V_1, V_2, V_{\text{acc}}, P_{\text{const}}, P_{\text{max}}, P_{\text{min}}) = a_1 \frac{E_{\max} - E_{\text{acc}}}{E_{\max} - E_{\min}} + a_2 \frac{t_{\text{hhv}} - t_{\min}}{t_{\max} - t_{\min}} \\ + a_3 \frac{Q_{\text{hhv}} - Q_{\min}}{Q_{\max} - Q_{\min}} + a_4 \frac{P_{\text{hhv}} - P_{\min}}{P_{\max} - P_{\min}} \quad (3.56)$$

式中：$E_{\min}$，$E_{\max}$ 为液压蓄能器可回收的最小、最大能量，J；$Q_{\min}$，$Q_{\max}$ 为混合动力车辆最小、最大油耗值，L/100km；$t_{\min}$，$t_{\max}$ 为最小、最大加速时间，s；$P_{\min}$，$P_{\max}$ 为整车价格增加的最小值和最大值；a_i 为权重变换系数。

3.3.4.2 约束条件

（1）液压系统工作压力

为了保证液压系统的单独制动效果，假设在平直的路面上以制动强度 $z \leq 0.1$ 制动时，液压二次元件能够提供给混合动力车辆的全部制动力矩 $T_{\text{P/M}} \geq T_{z \leq 0.1}$，亦即

$$\frac{p_{\text{sys-min}} \cdot V_{\text{P/M-max}}}{2\pi \eta_{\text{P/M-wheel}}} \geq \frac{z \cdot r}{i_{\text{P/M-wheel}}} \left(M_{\text{veh}} g f_r + \frac{1}{2} \rho C_{\text{D}} A v^2 \right) \quad (3.57)$$

同时，车辆以 30km/h 的速度进行制动，系统工作压力要能够保证车辆

的惯性能被全部回收，即

$$\frac{p_1 V_1}{n-1}\left[\left(\frac{p_1}{p_{sys-\max}}\right)^{\frac{1-n}{n}} - 1\right] \geq \frac{1}{2} M_{veh} v_{avg}^2 \cdot \eta \quad (3.58)$$

其中，η 为制动能量回收率。

（2）液压二次元件排量

当混合动力车辆以最大车速行驶，或者以一定的速度爬坡时，由式（3.33）（3.34）（3.35）（3.36），液压泵/马达的最大排量应符合式（3.59）（3.60）及（3.61）的要求，即

$$V_{P/M-V_{\max}} \geq \frac{0.377r}{60\eta_{P/M-wheel} p_{const} \cdot i_{P/M-wheel}}[M_{veh} g \cdot f + \frac{C_D A v_{\max}^2}{21.15}] \quad (3.59)$$

$$V_{P/M-V_{slop}} \geq \frac{0.377r}{60\eta_{P/M-wheel} p_{const} \cdot i_{P/M-wheel}}[M_{veh} g \cdot f \cdot \cos\alpha + M_{veh} g \cdot \sin\alpha + \frac{C_D A v_{slop}^2}{21.15}]$$

$$(3.60)$$

$$V_{P/M} = \max(V_{P/M-V_{\max}}, V_{P/M-V_{slop}}) \quad (3.61)$$

3.3.4.3 优化效果与分析

利用IMOPSO优化算法在MATLAB环境中编程求解，在并联式液压混合动力车辆系统模型基础上，以式（3.56）为系统性能优化匹配的目标函数进行优化。综合考虑技术、经济等方面的影响，恰当地选择权重系数。某型号汽车起重机原始性能参数如表3-1所示，设计变量限值如表3-2所示。权重系数设定如表3-3所示。

表3-1　某型号汽车起重机原始性能参数

参数名称	数值	参数名称	数值
整车质量，kg	43 000	发动机额定功率，kW	246
迎风面积，m^2	7	车轮半径，m	0.572
车桥速比	7	最大爬坡度，%	≥40%
最高车速，km/h	80	0~30km/h的加速时间，s	≤20

表3-2　设计变量限值

变量名称	限值	变量名称	限值
液压系统工作压力，MPa	16~35	液压蓄能器容积，L	60~150
液压蓄能器最高工作压力，MPa	22~35	液压蓄能器最低工作压力，MPa	13~20
发动机功率，kW	200~300	液压泵/马达排量，mL/r	80~200

表3-3　权重变换系数设定

方案	α_1	α_2	α_3	α_4
动力型	1/5	2/5	1/5	1/5
折衷型	1/4	1/4	1/4	1/4
节能型	2/5	1/5	1/5	1/5

为保证算法计算的准确性，本书的参数优化过程通过使用MATLAB软件，完成了30次的仿真试验，不同权重变换系数下的优化结果如表3-4所示。从表中可以看出，动力型方案采用的变量为：发动机功率、蓄能器最大工作压力、液压系统压力以及液压二次元件。二次元件的排量均较大，而容积较小；节能型方案却正好相反；折衷型方案比较折衷。值得注意的是，为了计算方便，在优化计算时将设计变量的公称参数进行了连续化的拟合处理。因此，得到的优化结果与当前系列产品对应情况可能会不理想，但作为参考值具有很大的借鉴意义，当前系列产品的最优结果可以围绕参考值进行选取。该优化结果是否能够改善和提高车辆的动力性和经济性，将在本文第五章和第六章进行仿真与试验验证。

表3-4 不同权重变换系数优化结果

类型	P_{rat}, kW	p_{sys}, MPa	V_{acc}, L	p_{max}, MPa	p_{min}, MPa	$V_{p/m}$, mL/r
动力型	280.81	23.38	70.00	32.00	18.35	158.13
折衷型	240.62	20.14	98.26	32.00	12.23	124.42
节能型	200.13	18.48	120.18	32.00	11.76	103.05

3.4 本章小结

经过深入分析影响系统节能效果的主要因素，本章得出系统关键元部件参数的变化对混合动力系统性能影响的一般规律。针对前置并联式液压混合动力起重机（FPHHC）混合动力系统优化中，设计变量与约束条件之间复杂的对应关系问题，在多目标粒子群算法（MOPSO）的基础之上，提出了一种改进的多目标粒子群算法（IMOPSO），旨在增强优化算法的全局搜索能力。并针对某型号汽车起重机液压混合动力系统的主要元件及其工作参数进行了不同权重变换系数下的优化匹配，其参数优化结果将作为关键元部件最终选型的重要参考依据。但其对整车性能的影响将在后面章节中进行验证。

第4章　液压混合动力起重机制动能量控制策略研究

4.1 引言

相对于传统燃油汽车，混合动力汽车不仅需要协调多种能源输出，而且需要设计储能装置的充放能问题，为了充分提高车辆中动力总成系统的效率，能量管理系统显得尤为重要，而混合动力汽车的核心问题就是控制策略的研究[73]。这种控制策略是根据驾驶员意图和路况，在满足起重机的动力性和其他性能要求的前提下，利用所设计的控制算法，针对各部件的特性，决定匹配所需求的功率或转矩的大小，将不同动力源进行合理分配，使液压蓄能器SOC始终维持在可接受范围内，从而优化车载能源，使整车系统效率达到最高；同时尽可能多地回收和利用车辆再生的制动能量，使发动机始终在其高效工作区间内工作，以降低整车的燃油消耗，减少废气的排放，增强驾驶性能，提高蓄能器的耐用性[74]。

为了使整车的运行更加协调，前置并联式的混合动力起重机控制策略的设计需要有更高的要求，其中包括能量管理系统（EMS）的研究和对动力源的协调控制问题。因此，制定合适的控制策略和控制逻辑是优化能量流动、提高系统动力总成协调程度的关键。本章的主要内容就是对动力总成的控制策略进行深入的分析研究。

4.2 整车行驶模式及能量管理策略分析

4.2.1 整车行驶模式分析

起重机的实际运行工况十分复杂，其中，汽车式起重机的运行工况可以划分为以下多种类型，分别为起步、加速、行车、上坡、下坡、超车、驻车、倒车等。当工况不同时，能量的流动方向也不同。因此，在不同的行驶工况下，需要搭配相应的控制模式，以合理分配转矩；并且，在工况需要切换时，各动力系统部件必须能均衡工作。相比传统起重机，并联式液压混合动力系统增加了一个动力源，其中，主动力源为发动机，辅助动力源为液压二次元件。因此，应根据不同工况来优化两种动力装置的工作点，合理控制发动机与液压二次元件的功率分配，保证使发动机能够工作在高效区域，以达到最佳燃油消耗的目的。

本章主要研究的是能量分配策略，使液压混合动力系统运行在最佳状态，在保证动力性的条件下综合考虑各种因素来确定能量分配策略。混合动力起重机基本行驶模式如图4-1所示，图中的上部分曲线表示车辆运行状态，下部分曲线表示不同状态对应的功率分配方式，■代表液压二次元件功率，▨代表发动机功率，■代表未回收功率，▨代表发动机、液压二次元件联合驱动时的驱动功率。其中：AC段：车辆处于起动和加速状态，AB段：车辆处于纯液压驱动，直至BC段，液压蓄能器能量释放完毕，发动机开始驱动车辆继续加速行驶，当到达C点时，车辆加速完全，车辆以恒定速度巡航行驶至D点，这期间变速器的传动比会保持在某一固定值，发动机保持在某一工况下稳定运行，车辆负荷相对较小，近似地可以忽略车辆的加速阻力。车辆在匀速巡航工况下时，燃油消耗和尾气排放相对较低，运行状态比较经济，此时，发动机将多余的能量对蓄能器进行充能；在DE段，车辆处于急加速状态（或爬坡状态），车辆需要较大的动力，此时的动力由发动机和液压二次元件联合驱动；当到达EF段时，车辆可能处于两种状态，分别是减速制动或下坡行驶状态，在这两种情况下只有制动力，制动能量中的一部分将被回收，存入液压蓄能器，以备车辆需

第4章 液压混合动力起重机制动能量控制策略研究

要动力时进行辅助驱动。

并联式混合动力系统工作模式的特点包括：驱动时，通过液压二次元件的调节加速；大负荷等工况时由液压二次元件提供辅助动力；低速、轻载运行时由液压二次元件驱动，当达到一定速度时再由发动机驱动，进而调整发动机的工作点，使其工作在高效区域。怠速时，关闭发动机，当需启动时，可由液压二次元件快速启动，从而节省怠速时消耗的燃油。制动时，可由液压二次元件将部分制动消耗能量通过传动系、液压二次元件和液压蓄能器等部件回收并存贮再生制动能量。

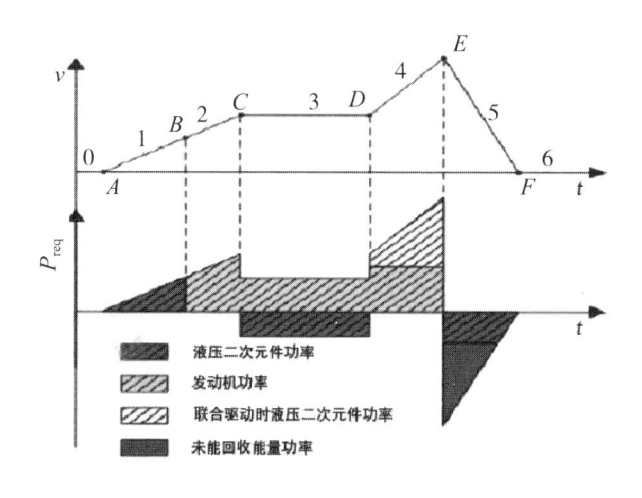

图4-1 混合动力起重机基本行驶模式[75]

为制定液压混合动力系统控制策略，首先对并联式液压混合动力起重机行驶模式进行简要分析。根据动力源的流向，在本书中研究的并联式混合动力系统基本工作模式可分为：液压单独驱动模式、发动机单独驱动模式、双能源混合驱动模式、行驶充能模式、能量再生模式、怠速/停车模式，下面分别阐述各种行驶模式：

1. 液压单独驱动模式　当车辆起步、车速较慢或者是在对动力的需求不高的过程中，整车需求的功率小于液压混合动力系统的额定功率，且高压蓄能器的液体压力充足，从而避免发动机低速低效运行。此时，主离合器分离，发动机处于停机或怠速状态来节约燃油，车辆工作在液压系统单独驱动模式，液压蓄能器放能，液压二次元件工作在马达工况，单独为车辆提供动力源。此时，液压能转换为机械能，对改善发动机动作点起到填"谷"的作用。且液压蓄能器中的充能状态大于设定的最低值，即 $SOC > SOC_{low}$ 时：

$$\begin{cases} 0 \leqslant T_{req} = T_{P/M} \leqslant T_{P/M-max} \\ T_e = 0 \end{cases} \quad (4.1)$$

式中：T_{req} 为车辆需求扭矩，N·m；T_e 为发动机输出扭矩，N·m；$T_{P/M}$ 为液压二次元件输出扭矩，N·m；$T_{P/M-max}$ 为液压二次元件最大输出扭矩，N·m。

当液压蓄能器的充能状态比较低时，即 $SOC < SOC_{low}$ 时，只能由发动机驱动起步、加速并适时切换到充能模式。

2. 纯发动机驱动模式　储存的能量被耗尽时，将无法再提供能量以驱动汽车行驶。此时，车辆完成起步加速阶段后，已经达到一定速度，进入正常行驶工况后，整车的动力性要求比较高，系统切换为发动机单独驱动模式，主离合器结合，液压系统功能开关关闭，液压二次元件与动力系统断开，由发动机提供整车需求扭矩。此工况下的驱动模式与传统内燃机车辆工作方式类似，是将燃料的化学能转化成机械能，即：

$$\begin{cases} T_{req} = T_e \\ T_{P/M} = 0 \end{cases} \quad (4.2)$$

这一阶段，如果液压蓄能器的充能状态比较低，即 $SOC < SOC_{low}$ 时，切换到充能模式，发动机利用多余的功率对液压蓄能器进行充能。

3. 行车充能模式　当发动机输出的功率大于汽车的需求功率，即 $T_e > T_{req}$ 时，液压蓄能器的充能状态没有达到饱和即 $SOC < SOC_{high}$。为了使发动机工作得更加高效，发动机产生的能量除了部分用于车辆的驱动，还要将多余的能量通过液压二次元件转化为机械能给液压蓄能器充能，以满足下一工况的使用，从而提高了能量利用率。即：

第4章 液压混合动力起重机制动能量控制策略研究

$$T_{req} = T_e - T_{P/M} \tag{4.3}$$

4. 联合驱动模式 在需要急加速或爬坡时，需求负荷较大，当车辆实际所需的动力超过最优化范围，且液压蓄能器充液状态大于最低值，即 $SOC > SOC_{low}$ 时，车辆需求的动力由发动机和液压二次元件两个动力源共同提供，即：

$$T_{req} = T_e + T_{P/M} \tag{4.4}$$

因此，在翻越较大坡度前，应检查蓄能器的充能状态，尽量使蓄能器达到饱和压力状态，此时，液压系统辅助发动机驱动的能力最强，最大化地提高爬坡度；由于液压储能器能量密度低，一旦蓄能器出现充能不足的情况，即 $SOC < SOC_{low}$ 时，发动机需要适时介入工作以防止蓄能器的能量耗尽，此时总动力全部由发动机输出，进入了纯发动机工作模式，如式（4.2）所示，甚至需要发动机输出最大扭矩，即。

$$\begin{cases} T_{req} = T_{e-max} \\ T_{P/M} = 0 \end{cases} \tag{4.5}$$

5. 制动能量回收模式 当驾驶员踩下踏板发出制动命令时，混合动力起重机就进入减速/制动工况。如果蓄能器的充能状态小于预设值，即 $SOC < SOC_{high}$，即可进入回收制动能量模式，二次元件和原车制动器根据一定的制动力分配规则来分配液压再生制动力和车辆前、后轮摩擦制动力。特别是下长坡的情况，在下长坡的过程中为了避免制动盘的过度磨损或热衰退引起的制动失效，液压制动能量再生系统应提供一定程度的辅助制动，从而降低制动强度，以此提高安全性。但还要判断制动强度，来采取相应的制动模式。如果制动强度 $z \leq 0.1$，则车辆以纯液压制动模式制动，此时，车辆需要的制动力矩不大于液压二次元件所能提供的最大力矩，车辆的动能向液压能转化，液压能存储在储能器中；当制动强度 $0.1 < z \leq 0.7$ 时，车辆的制动模式为联合制动，即液压二次元件与机械制动器联合制动，此时，车辆所需的制动扭矩大于液压辅助部件提供的最大扭矩，并且需要使用机械制动来补偿液压二次元件制动力的不足，车辆的部分动能转换为储存在蓄能器中的液压能，其余通过机械制动转换为热能耗散。

为了满足安全性要求，在设计控制策略时，只有制动强度满足设定值时才能进行制动能量的回收。因此，在紧急制动（$0.1 < z \leqslant 0.7$）或在车辆制动过程中，如果液压蓄能器在制动过程中达到其最大储能，为了避免损坏蓄能器。液压二次元件将不再提供制动力矩，此时车辆的动能全部经机械制动器转换成热能耗散掉，即进入纯机械制动模式。具体的控制策略将在下一节论述。

若不考虑发动机反拖制动力，则

$$\begin{cases} T_{\text{req}} < 0 \\ T_{\text{e}} = 0 \end{cases} \tag{4.6}$$

此时若考虑发动机反拖制动扭矩，且复合制动时，车辆所需要的制动扭矩为

$$T_{\text{req}} = T_{\text{e-drag}} + T_{\text{P/M}} + T_{\text{fri}} \tag{4.7}$$

若车辆速度较低时，液压再生系统单独制动，则

$$T_{\text{req}} = T_{\text{e-drag}} + T_{\text{P/M}} \tag{4.8}$$

式中：$T_{\text{e-drag}}$ 为发动机反拖扭矩，$\text{N} \cdot \text{m}$；T_{fri} 为机械制动系统扭矩，$\text{N} \cdot \text{m}$。

当驾驶员用力踩下制动踏板，制动角度大于设定值时，将其归类为紧急制动。为了保证安全，此时不能切换至能量回收模式，则车辆制动需求扭矩为发动机反拖制动力与机械制动力之和，即

$$T_{\text{req}} = T_{\text{e-drag}} + T_{\text{fri}} \tag{4.9}$$

6. 驻车充能模式　此时，发动机通常怠速或停机，动力系统中没有能量的传递，一般情况下液压二次元件和发动机都处于停机状态。但当液压蓄能器充能状态 SOC 较低时，通过发动机对蓄能器充能，这样不仅可以充分有效地利用发动机功率，更加高效地使用燃料，还可以为下一阶段的驱动做准备，从而达到节能的最佳状态。即当 $SOC < SOC_{\text{low}}$ 时

$$T_{\text{e}} = T_{\text{P/M}} \neq 0 \tag{4.10}$$

若 $SOC > SOC_{\text{low}}$，则

$$T_{\text{e}} = T_{\text{P/M}} = 0 \tag{4.11}$$

第4章 液压混合动力起重机制动能量控制策略研究

综合上述对双轴并联混合动力起重机几种通用行驶模式的分析和介绍，在不同的行驶工况下，发动机和二次元件这两个动力源以及离合器的状态是不同的，通过改变其各部件状态，液压混合动力起重机可在不同的工况模式下工作，表4-1为工作模式总结。

表4-1 不同工况下起重机关键部件工作状态

运行模式	加速踏板	刹车踏板	空挡开关	发动机	液压二次元件	主离合器	液压离合器
液压驱动	>0	=0	非空挡	关闭	马达工况	分离	接合
发动机单独驱动	>0	=0	非空挡	驱动	关闭	接合	分离
联合驱动	>0	=0	非空挡	驱动	马达工况	接合	接合
行车充能	>0	=0	非空挡	驱动	泵工况，回收发动机剩余能量	接合	接合
制动能量回收	=0	>0	非空挡	关闭	泵工况，回收制动能量	分离	接合
驻车	=0	=0	空挡	关闭	关闭	接合	接合
				驱动	泵工况，主动充能	接合	接合

4.2.2 模式切换及能量管理策略

在液压混合动力汽车行驶时，整车工作模式会随路况及其各部件工作状态发生改变而进行相应的切换，以满足不同的工况和动力需求。而工况识别是液压混合动力车辆能量管理与控制的基础，车辆运行模式切换规则是车辆高效运行的保障，如果切换条件不合理，会导致各模式切换频繁甚至导致燃油经济性更差，因此，切换规则的制定需要考虑各方面因素，从而确保动力系统运行在较优区间[76-77]。通过分析不同模式在切换时的特点，如图4-2所示，可将工作模式切换分为三类[78-79]。由表4-1可以知道，不同工作模式之间的切换可以通过控制主离合器与液压离合器的分离与接合来实现。

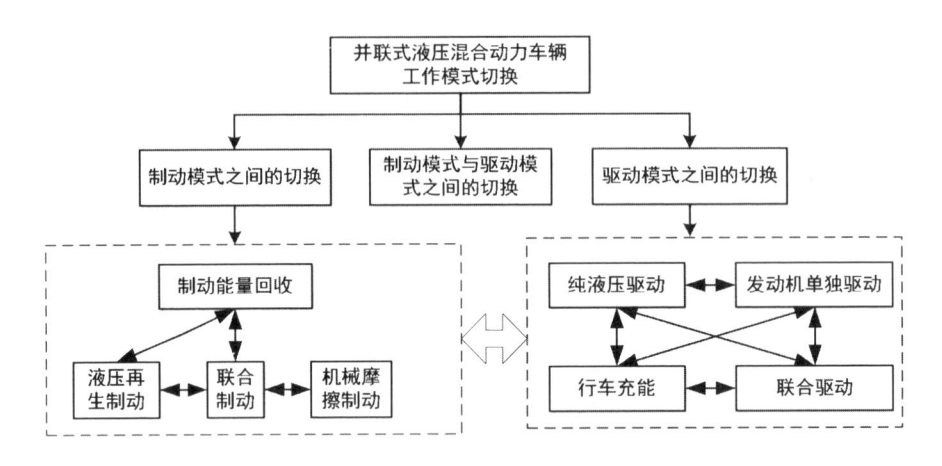

图4-2 并联式液压混合动力车辆工作模式分类

根据前文对并联式液压混合动力车辆运行模式的总结，并联式液压混合动力车辆具有6种运行模式。这些运行模式既包含了驾驶员的驱动请求，例如加速踏板、刹车踏板等信号；又包含了优化能量分配的要求，如当前的蓄能器SOC以及发动机负荷等。这些模式的划分是车辆所有运行模式的总结，但如全部纳入模式调度策略则会使调度策略过于复杂。例如当车辆正常驱动时，可以液压二次元件助力驱动、纯发动机驱动和发动机驱动同时对蓄能器进行充能等多模式运行。而在这几种模式中，多能源管理策略中的扭矩分配策略根据需求扭矩、蓄能器SOC、转速等信息连续地调节液压二次元件的扭矩。

4.3 混合动力系统控制策略

由于增加了动力源，混合动力车辆有更多的能量流动方向。最优的混合动力控制策略是车辆具有优异性能的基础,其关键问题是确定动力总成在不同行驶工况下的工作模式，以及调节和控制各工作模式下不同动力源之间的功率分配。控制策略的好坏是影响混合动力系统节能效果的关键[80]，并联式液压混合动力车辆的控制策略主要包括能量再生策略和能量释放策略。

第4章 液压混合动力起重机制动能量控制策略研究

能量再生策略是一个复杂的问题，涉及问题决策和非线性时变系统控制，同时，路面附着条件以及驾驶员制动意图等因素也增加了能量再生策略的设计难度[81]。混合动力系统工作复杂，一定要制定最优的驱动控制策略，使得系统的能量回收利用率变大，这样才可以解决蓄能器能量密度小的问题。

合理的控制策略可以使得混合动力系统的油耗和尾气排放降低，设计原则如下[82]：1）尽量使发动机工作在高效率区；2）保证车辆响应驾驶员操作，动力源发动机和液压二次元件能够输出相应的功率；3）确保蓄能器的状态在一定范围内，保证其使用寿命。并且要保证切换过程中动力传递平稳、快速，减小动力冲击和转矩波动。

4.3.1 制动能量再生策略

在制动时，通过控制液压混合动力系统的能流方向，将起重机制动时耗散掉的动能部分转化为液压能进行回收，并存储在液压蓄能器中，以备下一工况使用，这对于减少燃油消耗与有害气体排放具有重要意义[83]。并联式液压混合动力起重机的制动系统与传统起重机不同，系统的制动转矩由液压系统再生制动转矩和机械摩擦制动转矩构成，制动能量再生策略通过调节这两种制动转矩进行制动能量再生回收。相比于电动汽车的再生制动，液压蓄能器功率密度大，在相同的条件下，可提供绝大部分的制动转矩，相应的机械制动可较少参与制动，所以电动车的制动能量回收率较并联式液压混合动力车辆的低。但在蓄能器的容积、工作压力还有能量密度上都有限制，因此，不可能在任何工况下都提供全部的制动转矩。此时，机械制动系统与液压制动系统必须合理匹配以提供足够的制动转矩从而保证安全。

4.3.1.1 制动能量再生策略设计要求

在设计混合动力起重机的时候，一定要满足起重机的制动性能的要求，车辆在行走时可以短路程停车并且使车辆保持稳定和一定的车速。制动性是混合动力起重机的主要性能之一，直接关系到交通安全，所以，制动性能是混合动力起重机安全行驶的重要保障。合理制定混合动力起重机的制动能量再生策略，是起重机设计与使用的一项重要任务。一般来讲，车辆的制动性能主要由制动效能，即制动距离与制动减速度；制动效能的恒定性，即热衰退性能；制动时车辆的方向稳定性，即制动时车辆不发生跑偏、侧滑及失去转向能力的性能这三个评价指标组成。其中制动效能是制动性能最基本的评价指标。并且，能量回收制动系统和机械制动系统两部分组成混合动力起重机的制动系统，在车辆制动时，系统要回收利用能量，这使制动系统控制策略的制定更加复杂，因而出现两个问题：一是如何分配液压制动力矩和机械制动力矩，使回收能量最大化；二是如何分配前后轴上的制动力，以保证稳定性。因此，制动能量再生策略设计时不仅要考虑前面的基本要求，还要考虑以下要求：首先，要满足稳定性要求，制动能量再生策略应控制液压制动系统满足由驾驶员给出的制动指令要求，要防止制动时车辆出现抱死的危险情况，主要由车辆ABS系统来完成；与此同时考虑到驾驶过程的安全以及司机驾驶时的舒适感，这就要使得车辆的所有车轮的制动效率要很高，这样才可以保证这些，其次为了使得司机的驾驶感觉优良，与驾驶传统车辆无异，这就要求车辆的制动系统可以根据液压再生制动系统的大小进行变化，使得司机和乘坐人员尽量舒适，最后，是对制动能量的回收是否充分的要求。一定要在保证前两点的情况下，保证回收足够充分，这样其制动力才会充分，这样其制动系统回收的制动能量才会尽可能地多。

4.3.1.2 理想条件下前后轮制动力分配策略

一般情况下，传统起重机的总制动力 F_b 可分为前轮制动力 $F_{\mu1}$ 和后轮制动力 $F_{\mu2}$，而液压混合动力起重机制动能量回收系统是与后轮——起重机的驱动轮相连接的，因此，液压混合动力起重机的总制动力 F_b 由前轮的制动力 $F_{\mu1}$、液压再生制动力 $F_{P/M-b}$ 和机械摩擦制动力 $F'_{\mu2}$ 组成，其分配关系如图4-3所示。

第4章 液压混合动力起重机制动能量控制策略研究

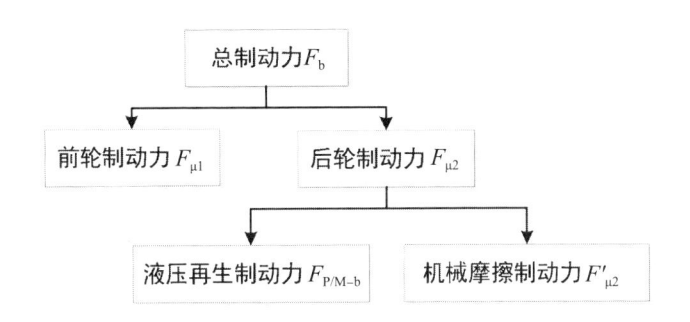

图4-3 液压再生制动系统制动力分配关系图

根据车辆前、后轴制动器制动力的分配、道路附着系数、车辆负重和行驶路面坡度等因素，如果制动力满足，制动过程就会出现如下三种情况：

（1）首先前轮抱死滑拖，然后后轮抱死滑拖。此时制动性能稳定，但是附着条件的利用不够充分，车轮无法在制动的时候转向；

（2）抱死的顺序是先后轮，后前轮，但是这样的话，制动性能就不稳定了，而且还会导致附着条件的利用率较低，可能有后轮侧滑的现象出现；

（3）前、后轮同时抱死滑拖。此时可避免后轮侧滑，跟前面两种情况相比，附着条件利用得比较好。因此，这种制动效果是最理想的。所以，当车辆在制动的过程中，如果前轮和后轮都抱死了，这样有利于利用附着条件同时可以使得车辆在制动时方向性更好。此时制动力 $F_{\mu 1}$ 和 $F_{\mu 2}$ 的关系曲线[①]被称为理想制动器制动分配曲线，简称 I 曲线。理想的制动力分配曲线如图4-4所示。应当指出 I 曲线为理想制动力分配曲线，通过控制施加于前、后轮上的制动力，来实现制动距离趋于最小值，且优化驾驶者的感觉。同时，由于 $F_{\mu 1}=F_{Xb1}=F_{\varphi 1}$，$F_{\mu 2}=F_{Xb2}=F_{\varphi 2}$，因此，它也是 $F_{\varphi 1}$ 与 $F_{\varphi 2}$ 的关系曲线。在保证车辆制动性能和控制方法易于实现的前提下，液压混合动力起重机实际制动转矩分配 β 曲线应尽量接近理想制动转矩分配曲线 I

[①] 这只是汽车工程技术中的习惯称呼，并非真正的"理想制动力分配"。而真正的"理想制动力分配"是根据车轮上的载荷与地面情况使每个车轮均利用峰值附着系数，并同时具有较大的侧向力系数。

曲线。并且，若想制动时总是前轮先抱死，β 曲线应位于 I 曲线下方。

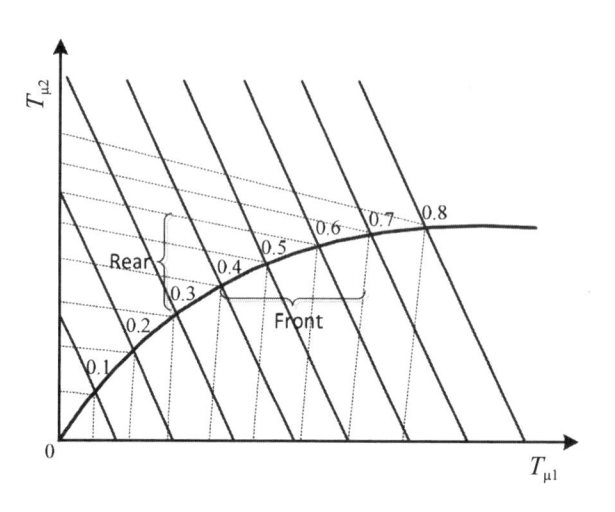

图4-4 理想前、后轮制动转矩分配曲线

本书将原车制动系统简化为机械制动器对车轮的摩擦制动力，则起重机制动时总制动力需求为

$$F_b = F_{\mu 1} + F_{\mu 2} \tag{4.12}$$

式中：$F_{\mu 1}$ 为前制动器摩擦制动力，N；$F_{\mu 2}$ 为后制动器摩擦制动力，N。

为了简化系统结构和控制过程，前后车轴的车轮不能同时抱死，因此，制动系统施加在前后轴上的制动力之比通常按固定比例进行分配，称为制动力分配系数。本书的前后轮的制动力在分配过程中是不被改变的，这是由于本书的目的是减少车辆油耗但是不改变车辆的性能。前、后轮制动力的摩擦制动力分配系数分别表示为

$$\beta_1 = \frac{F_{\mu 1-max}}{F_{\mu 1-max} + F_{\mu 2-max}} \tag{4.13}$$

$$\beta_2 = \frac{F_{\mu 2-max}}{F_{\mu 2-max} + F_{\mu 2-max}} \tag{4.14}$$

式中：$F_{\mu 1-max}$ 为前制动器最大摩擦制动力，N；$F_{\mu 2-max}$ 为后制动器最大摩

擦制动力，N。

前、后轮制动力分配权重系数的关系为
$$\beta_1 + \beta_2 = 1 \tag{4.15}$$
则前轴车轮的摩擦制动力为
$$F_{\mu 1} = \beta_1 \cdot F_b \tag{4.16}$$
由于液压再生系统回收利用后轴车轮的制动能，所以后轴车轮的制动力包括液压再生制动力和摩擦制动力，摩擦制动力可以表示为
$$F_{\mu 2} = \beta_2 \cdot F_b - F_{P/M-b} \tag{4.17}$$

实际制动力分配曲线与理想制动力分配曲线如图4-5所示，图中的斜直线为实际前、后轴车轮制动力分配曲线，简称 β 线。它与 I 曲线（满载）交于 B 点，此时附着系数值为 $\varphi_0 = 0.786$，也叫同步附着系数，其所对应的制动减速度是临界减速度。

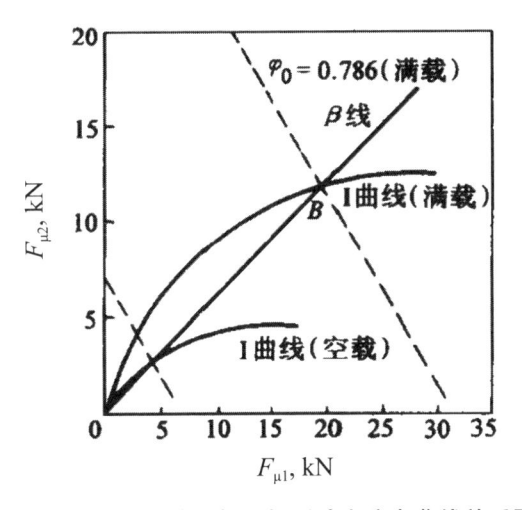

图4-5　实际制动力与理想制动力分布曲线关系图

混合动力起重机在制动过程中所受的力有很多，主要包括滚动阻力、空气阻力、坡度阻力、车轮制动力和发动机反拖阻力，车辆的平衡方程为：

$$F_b + F_w + F_{f_r} + F_g + F_{e\text{-drag}} = m\frac{dv}{dt} \quad (4.18)$$

式中：F_b 为车轮制动力，N；$F_{e\text{-drag}}$ 为发动机反拖阻力，N。

液压系统再生制动力和原车摩擦制动力共同组成了车辆的制动力，液压混合动力系统提供液压制动力，原车制动系统提供摩擦制动力。则车轮制动力方程为：

$$F_b = F_{P/M-b} + F_{\mu 1} + F'_{\mu 2} \quad (4.19)$$

式中：$F_{P/M-b}$ 为液压再生制动力，N；$F_{\mu 1}$ 为前轮摩擦制动力，N；$F'_{\mu 2}$ 为后轮摩擦制动力，N。

混合动力车辆在制动过程中，如果使主离合器不分离，那么发动机反拖也参与了车辆的制动过程，则发动机反拖制动力方程可用下式表示[84]：

$$F_{e\text{-drag}} = \frac{I_e i_0^2 i_g^2}{r^2 \eta_{e\text{-wheel}}} \frac{dv}{dt} \quad (4.20)$$

式中：I_e 为发动机的转动惯量，$kg \cdot m^2$；$\eta_{e\text{-wheel}}$ 为车轮到发动机的传动效率。

制动能量回收系统中，液压泵/马达所能提供的制动力为

$$F_{P/M-b} = \frac{T_{P/M} i_{P/M\text{-wheel}} \eta_{P/M\text{-wheel}}}{r} = \frac{p_1 \cdot V_{P/M\text{-max}} i_{P/M\text{-wheel}} \eta_{P/M\text{-wheel}}}{2\pi \eta_{P/M-m}} \quad (4.21)$$

式中：$i_{P/M\text{-wheel}}$ 为液压泵/马达输出端至车轮的总传动比；$\eta_{P/M\text{-wheel}}$ 为液压泵/马达输出端至车轮的总传动效率；$\eta_{P/M-m}$ 为液压泵/马达机械效率。

联合制动时，并联式液压混合动力起重机受力工况平衡方程为

$$F_b + \frac{C_D A v^2}{21.15} + M_{veh} g f_r \cos\alpha + M_{veh} g \sin\alpha + \frac{I_e i_0^2 i_g^2}{r^2 \eta_{e\text{-wheel}}} \frac{dv}{dt} = M_{veh} \frac{dv}{dt} \quad (4.22)$$

4.1.3.3 制动转矩分配策略

辅助系统的制动控制策略核心是制动过程中的扭矩分配，控制的目标是满足任何制动工况下都能保证具有一定的制动力，完成驾驶员的制动操作，并要契合大多数驾驶员的操作习惯。因此，在分配制动力的制动过程中，首先需要保证制动平稳性与易操作，并要在不抱死的前提下尽可能大

第4章 液压混合动力起重机制动能量控制策略研究

地通过液压二次元件与蓄能器释放制动能量去驱动与回收制动能量从而减速,辅助系统可以有效提高车辆的燃油经济性,降低排放。

混合动力起重机的制动力分配包含三部分：前轮与后轮的制动力分配、驱动轴的液压再生制动力及机械摩擦制动力。现实中,分配制动力的过程是一个难度很大的问题,要根据驾驶时的实际情况及时地调节前轮和后轮的制动力。目前,大多数车辆前、后轮的制动力分配是将其分配比例拟定为一个固定值。在起重机工况中,为避免后车轮轴抱死发生危险侧滑的情形发生,前、后轴制动力的实际分配曲线需要一直保持在低于理想分配曲线;为防止出现制动能力较弱时前轮发生抱死从而无法转向这种危险情形,应提高起重机车轮的附着效率。起重机混合动力制动力在前、后轮的具体分配情况如图4-6所示。

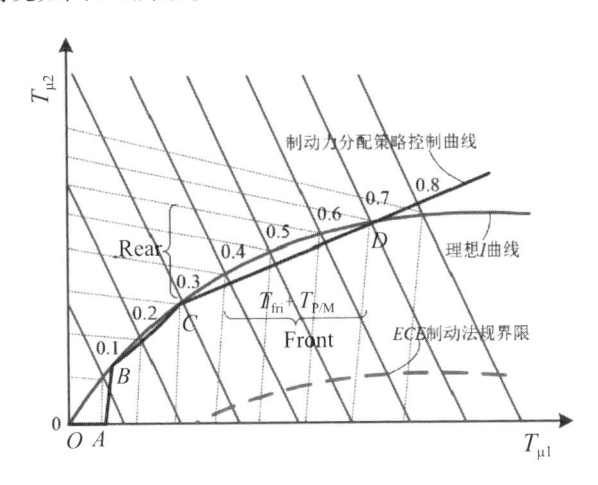

图4-6 液压混合动力起重机前后轮制动转矩分配曲线

通过采集制动踏板开度信号来界定液压混合动力起重机的转矩分配策略,同时检查车速信号是否达到最大车速以及液压蓄能器SOC值是否大于设定的最小值等信息,然后再根据行驶工况中车辆制动强度的大小作为工况切换的判断依据。通过对循环工况的分析,液压混合动力起重机的制动工况可分为轻度制动（$0 < z \leqslant 0.1$）、中度制动（$0.1 < z \leqslant 0.7$）和紧急制动

（ $0.7 < z \leq 1$ ）三种[85]。

如图4-6中的OB线，该线从零点开始，随着制动强度的增加，在A点沿着制动法规界线经B点直到C点，都属于轻度制动工况，全部制动力由液压再生制动系统提供，在满足法规界线的前提下，我们还是尽量将制动力分配到后轴，以达到尽可能回收制动能量的目的。制动力表达式如下：

$$\begin{cases} T_{P/M} = T_{req} \\ T_{fri} = 0 \end{cases} \quad (4.23)$$

图4-6中的BD段属于中等强度制动工况，在此工况下，制动转矩由机械摩擦制动转矩和液压再生制动转矩共同提供。此工况需要计算滑移率是否达到最大值，如果滑移率 $S \neq 1$，则液压二次元件转矩取制动需求转矩和液压二次元件的最大值，机械摩擦制动转矩等于制动需求转矩减去液压二次元件所提供的转矩之差，即

$$\begin{cases} T_{P/M} = \min(T_{req}, T_{P/M-max}) \\ T_{fri} = T_{req} - T_{P/M} \end{cases} \quad (4.24)$$

如果滑移率 $S = 1$，则机械摩擦制动力由防抱死系统ABS调整确定，即

$$\begin{cases} T_{P/M} = \min(T_{req}, T_{P/M-max}) \\ T_{fri} \text{ 由ABS调整确定} \end{cases} \quad (4.25)$$

图4-6中D点往后的直线部分，已经属于紧急制动工况，此工况更需要计算滑移率是否达到最大值，如果滑移率 $S \neq 1$，则车辆的制动需求转矩完全由机械摩擦制动转矩提供，即

$$\begin{cases} T_{fri} = T_{req} \\ T_{P/M} = 0 \end{cases} \quad (4.26)$$

如果滑移率 $S = 1$，则机械摩擦制动力由防抱死系统ABS调整确定，即

$$\begin{cases} T_{P/M} = 0 \\ T_{fri} \text{ 由ABS调整确定} \end{cases} \quad (4.27)$$

在保证车辆制动稳定的前提下，要尽可能大地将制动力分配给车辆的后轴，这样可以使得制动能量达到最大化。本书制定了增加驱动轮的制动力，并且满足相应制动法规的分配策略，同时可以保证安全可靠。如图4-5

第4章 液压混合动力起重机制动能量控制策略研究

所示,在制动开始后,主要由踏板转动的幅度信号和速度信号判断驾驶员的意图,从而决定相应的制动控制策略,并根据车速信号以及蓄能器SOC信号来判断车辆是紧急制动、中度制动或是轻度制动等,在分配制动力的时候要根据控制策略来分配,同时还要调整机械摩擦制动力和液压系统二次元件的制动转矩。根据制动力分配规则来分配前后轴的制动转矩,以及后轴中液压混合动力制动力矩所占比例,在允许范围内尽量提高再生制动转矩的比例。同时,当滑移率等于1,液压制动不工作时,由原制动系统提供制动力矩。液压混合动力起重机总制动控制策略如图4-7所示。

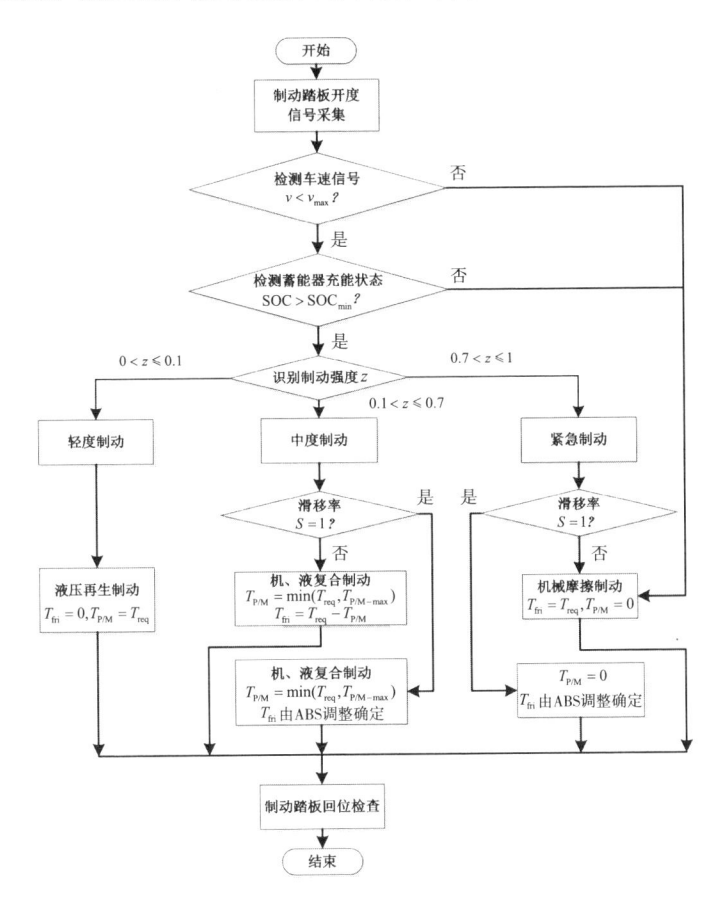

图4-7 液压混合动力起重机总制动控制策略

能量再生控制策略针对的情况有两种，轻度制动和中度制动。在辅助制动过程中，由于辅助制动力占比较小，所以控制二次元件排量最大，使得辅助制动力可以最大化。首先，根据挡位状态判断车辆处于前进状态还是后退状态；其次，通过观察刹车踏板的角度来判断车辆加速度大小，如果这时车辆的加速度大于零，则认为司机这时没有刹车的想法，否则再生制动系统开始辅助制动，这时应该让液压泵/马达的排量变大，这样可以使得系统可以达到最大的制动转矩。辅助制动的控制流程如图4-8所示。

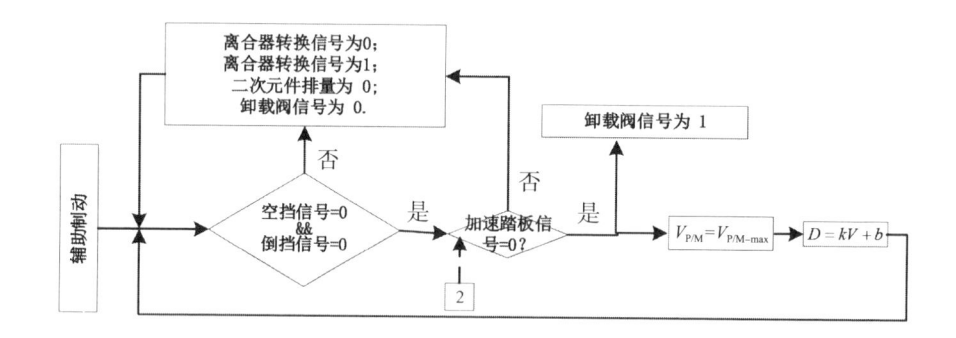

图4-8 液压再生制动液压二次元件排量控制策略流程图

4.3.2 制动能量利用策略

并联式液压混合动力起重机（Parallel Hydraulic Hybrid Crane，PHHC）发动机动力系统和液压辅助动力系统通过耦合器以并联的方式连接构成了驱动系统。在这里面分为四个行驶阶段，其中液压系统工作于路况比较好的低速和中速阶段，其余阶段有发动机动力系统工作，确保发动机在绿色高效的工作范围内工作。因为这个动力系统的动力装置可以叠加，所以和可以提供相同动力的系统相比，更小也更轻便。为了使该系统的效率最大化，所以这对控制策略的要求很高，同时考虑发动机和液压系统的效率，使整车系统效率最高。

4.3.2.1 转矩均衡能量管理策略

转矩均衡管理策略在分配扭矩的时候是有规则的，根据输入端的扭矩

第4章 液压混合动力起重机制动能量控制策略研究

T_{g-req}、蓄能器的 SOC 等参数，转矩均衡管理策略确定相应的工况以及运行状态，同时判断条件满足与否，若不满足，则继续以当前状态运行，否则，就转换到相应的符合条件的模式。

发动机在低速度以及负荷小的情况下效率相对来说比较低，所以在这种情况下，混合动力起重机的驱动模式为纯液压模式，以优化发动机的工作点。图4-9所示为杭发WD615.334发动机万有特性曲线，曲线 L_{e-high}、L_{e-low} 将发动机万有特性曲线特性图分为三种模式，分别为纯液压驱动、纯发动机驱动、混合动力驱动，曲线 L_{e-opt} 为发动机油耗最优的曲线，同时可以看到小负荷时动力系统效率较低而且敏感性差。转矩均衡管理和转矩均衡算法是混合动力起重机的两个内容，转矩均衡控制策略是根据发动机的油耗区以及排放区的原则来进行模式的切换，转矩均衡控制算法是根据动态过程的控制原则，确保车辆平稳工作，所以这些是确保该起重机转矩均衡控制的重要问题[86]。

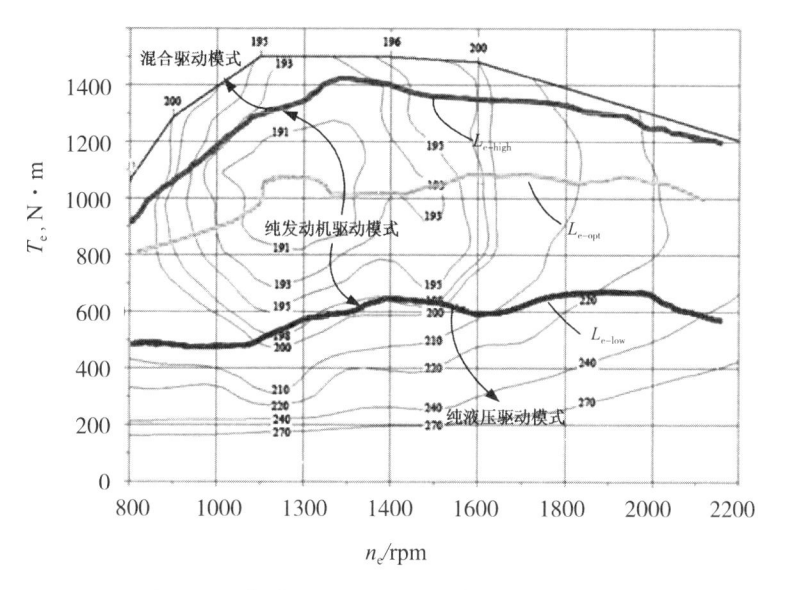

图4-9 杭发WD615.334发动机万有特性曲线

在车辆实际工作过程中，它的主要控制变量是转矩，基础是稳态效率特性，实现合理地匹配发动机和液压系统的动力输出，转矩管理策略需要合理地匹配发动机和液压系统的输入端扭矩，因此就时刻都必须要获得输入端对扭矩的需要，在正常行驶的时候，变速器输入端主要有两部分对扭矩有需求，一部分是司机对输入端的需求，这些是参考油门踏板的角度、车辆的速度以及速比等参数得到，还有一部分是蓄能器的充能情况下的扭矩，这与其的SOC状态有关系。

在能量管理的情况下，该混合动力汽车的核心是转矩分配策略，其具体工作是依靠发动机与液压系统元件输出扭矩的合理配对来调整车辆的效率使其达到最优情况。在得到需要的扭矩之后，该控制策略则需要发动机和液压系统的工作状态来调整工作模式，在这个系统中存在多个工作模式，会存在各个模式之间切换过于频繁的问题，所以为了避免这种问题的发生，确保在进行模式切换的过程中保持稳定，就要制定切换规则，如表4-2所示。在表4-2中，$T_{delay} \geq n$表示满足该状态需要维持n秒才切换来防止模式间的频繁切换，Acc_{pedal}为加速踏板开度信号，Bra_{pedal}为制动踏板开度信号，SOC_{low}为蓄能器充液状态设定的下限，SOC_{high}为蓄能器充液状态设定的上限。

表4-2 模式切换与转矩均衡分配规则

运行模式	加速踏板	制动踏板	蓄能器SOC	转矩
液压驱动	$Acc_{pedal}>0$	$Bra_{pedal}=0$	$SOC>SOC_{low}$	$T_{req}=T_{P/M} \leq T_{P/M-max}$, $T_e=0, \& T_{delay} \geq n$
发动机单独驱动	$Acc_{pedal}>0$	$Bra_{pedal}=0$	$SOC<SOC_{low}$	$T_{req}=T_e$, $T_{P/M}=0 \& T_{delay} \geq n$
联合驱动	$Acc_{pedal}>0$	$Bra_{pedal}=0$	$SOC>SOC_{low}$	$T_{req}=T_e+T_{P/M} \& T_{delay} \geq n$
行车充能	$Acc_{pedal}>0$	$Bra_{pedal}=0$	$SOC<SOC_{low}$	$T_{req}=T_e-T_{P/M} \& T_{delay} \geq n$
制动能量回收	$Acc_{pedal}=0$	$Bra_{pedal}>0$	$SOC<SOC_{high}$	$T_{req}<0, T_e=0 \& T_{delay} \geq n$
驻车	$Acc_{pedal}=0$	$Bra_{pedal}=0$	$SOC<SOC_{low}$ $SOC>SOC_{low}$	$T_e=T_{P/M} \neq 0$ $T_e=T_{P/M}=0$

4.3.2.2 转矩均衡控制算法实现

基于转矩的能量管理策略是根据车辆行驶参数将驾驶员的操纵命令解析为扭矩需求，再根据液压二次元件、车速加速踏板、制动踏板等车辆行驶参数判定其工作模式，然后根据转矩均衡策略控制转矩在发动机和液压二次元件两个动力源之间进行转矩耦合与分配。在转矩均衡控制策略算法中，目标转矩 T_{e-req} 的需求影响着输出转矩，液压系统中，二次元件的输出转矩 $T_{P/M-out}$ 补偿发动机的实际输出转矩 T_{e-out} 和目标转矩 T_{e-req} 之间的差值，其实现过程如图4-10所示。

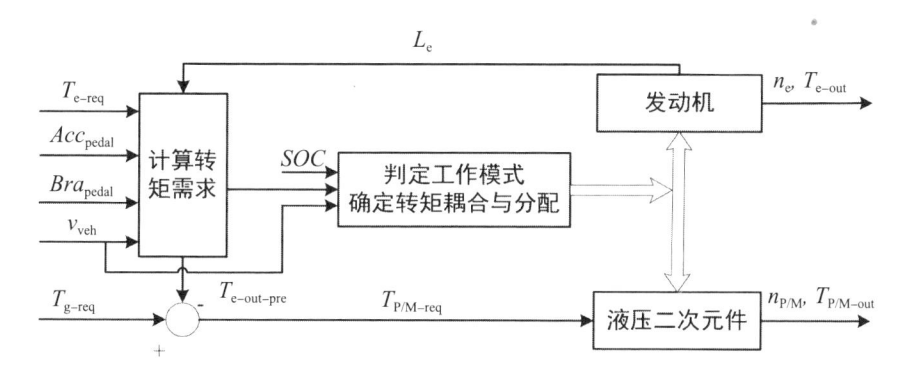

图4-10 转矩均衡管理策略示意图

由于液压二次元件转矩的测量与控制过程对比于发动机来说相对容易，而基于转矩均衡控制所需要的发动机转矩信号可以通过CAN总线向整车控制器实时提供发动机的负荷信号 L_e，所以发动机的实时动态转矩 $T_e(n_e) = K \cdot L_e$ 可由计算得到，这样，就不用估算发动机的实时转矩，这为扭矩均衡控制算法的实施提供了方便。转矩均衡控制策略算法模型如下：

$$\begin{cases} L_{e-low} = f_l(n_e, T_e) \\ L_{e-high} = f_h(n_e, T_e) \\ T_{P/M} = f_l(n_e, T_{g-req}, T_e, \Delta SOC) \\ \alpha_{P/M} = f(n_{P/M}, T_{P/M}) \end{cases} \quad (4.28)$$

式中：L_{e-low} 为纯液压驱动模式控制曲线；L_{e-high} 为混合驱动控制曲线；$T_{P/M}$

为液压马达输出扭矩，N·m；$\alpha_{P/M}$为等效液压泵/马达油门（当$\alpha_{P/M}>0$时液压泵/马达为马达工况；当$\alpha_{P/M}<0$时液压泵/马达为泵工况）。

混合动力起重机驱动控制策略流程图如图4-11所示，根据蓄能器的SOC和起重机功率需求的大小，总驱动控制策略可以分为液压马达工况、发动机工况、发动机并行车充能工况及发动机与液压系统联合工况。

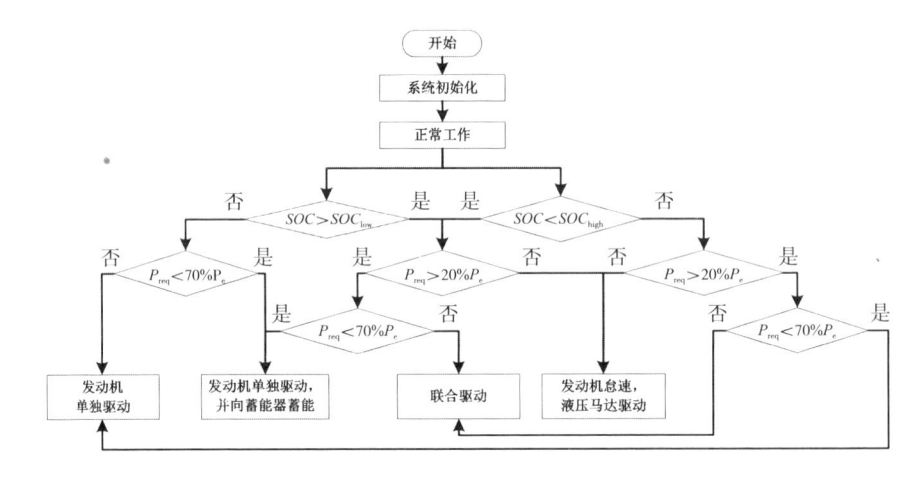

图4-11 起重机驱动控制策略

1. 液压马达驱动模式：当起重机液压蓄能器SOC大于预先设定的最小值限值SOC_{low}，即存储在蓄能器中的能量足以驱动液压二次元件，发动机的热效率很低，且需求功率P_{req}小于发动机额定功率P_e的20%时，发动机工作在怠速状态。车辆由液压二次元件单独驱动。

2. 发动机驱动模式：当液压蓄能器的SOC小于最小限值SOC_{low}，而且当P_{req}接近P_e时，发动机单独驱动该起重机，此时由于发动机几乎没有多余的功率，所以不向蓄能器进行主动充能；如果需求功率P_{req}小于发动机的额定功率P_e的70%，起重机也是由发动机单独驱动，但此时由于发动机还有将近30%的多余功率，所以还要向蓄能器进行主动充能，将这部分过剩的发动机能量转换成液压能并存储在液压蓄能器中，这样既避免了发动机多余功率的浪费，又将蓄能器SOC提高到一定的程度。具体策略详见主动充能控制策略。

3. 联合驱动模式：当蓄能器 $SOC_{low} < SOC < SOC_{high}$ 或 $SOC_{high} < SOC$，即蓄能器的能量已经达到最佳或超过最大限值，且需求转矩 P_{req} 大于发动机额定功率 P_e 的70%时，起重机由发动机和液压二次元件联合驱动。具体能量利用策略规则如表4-3所示。

表4-3 能量利用策略规则

运行模式	条件	转矩分配
液压马达驱动	If $Acc_{pedal}>0$ & $Bra_{pedal}=0$, $SOC_{low}<SOC<SOC_{high}$ & $Preq\leq 20\%Pe$ or $SOC>SOC_{high}$, & $Preq\leq 20\%Pe$	Then $T_{req}=T_{P/M}\leq T_{P/M-max}$, $T_e=0$,
发动机单独驱动	If $Acc_{pedal}>0$ & $Bra_{pedal}=0$, $SOC\leq SOC_{low}$ & $Preq\geq 70\%Pe$ or $SOC>SOC_{high}$, & $20\%Pe<Preq<70\%Pe$	Then $T_{req}=T_e$, $T_{P/M}=0$
联合驱动	If $Acc_{pedal}>0$ & $Bra_{pedal}=0$, $SOC_{low}<SOC<SOC_{high}$ & $Preq\geq 70\%Pe$ or $SOC>SOC_{high}$, & $Preq\geq 70\%Pe$	Then $T_{req}=T_e+T_{P/M}$
行车充能	If $Acc_{pedal}>0$ & $Bra_{peda}=0$, $SOC\leq SOC_{low}$ & $Preq\leq 70\%Pe$	Then $T_{req}=T_e-T_{P/M}$

每一种工作模式都代表了发动机的最佳燃油经济点。液压蓄能器最小/最大限值是固定的，发动机工作在平均功率点。在工作初期，基于工作条件好，液压蓄能器SOC、并联式液压混合动力起重机工作模式在液压马达驱动模式、发动机驱动模式、行车充能模式和联合驱动模式之间进行切换。

由前置式混合动力系统的结构特点可知，在驱动时涉及到两种动力源的协调问题，考虑因素众多，这就使得控制策略变得更加烦琐。在变速箱作用的情况下，混合动力起重机在制动时的制动转矩则会相应地随着挡位的不同而改变，且各挡位传动比相差较大；而混合动力开发的最基本的原则是混合动力系统的加入要保证车辆的制动效能，同时为了保证液压系统在工作过程中不产生太大的冲击，使得车辆在工作过程中平稳运行和有舒适度，所以，在高挡位与低挡位的情况下液压系统元件排量系数差别较大，同时这时候也会使得液压泵/马达元件的效率也偏低。为了不影响司机的开车习惯和车辆的操作，本书引入了排量衰减系数 s_1，以期望在效率和操作反馈效果之间达到一种平衡，可以实现不影响司机驾驶的目的，即

$$s_1 = \begin{cases} 0.6 & i_g = 13.15, 12.34, 8.25, 6.04 \\ 0.8 & i_g = 4.62, 3.23, 2.38 \\ 1 & i_g = 1.72, 1.24, 0.95 \end{cases} \quad (4.29)$$

则液压系统元件实际能提供的最大转矩为

$$T_{\text{P/M-act}} = s_1 \cdot T_{\max} \quad (4.30)$$

在液压辅助驱动过程中，液压系统元件工况为马达工况。本书引入了加速缓冲衰减系数 s_2，来预防蓄能器释放能量完毕时液压驱动力骤降的现象，即

$$s_2 = \begin{cases} \dfrac{p - p_1}{p_2 - p_1} & p < p_2 \\ 1 & p \geqslant p_2 \end{cases} \quad (4.31)$$

式中：p 为液压蓄能器压力，MPa；p_1 为液压蓄能器有效压力，MPa；p_2 为液压蓄能器缓冲压力，MPa。

如果液压蓄能器压力 $p < p_1$，那么则是液压二次元件工作所提供转矩的时间太短了，有效工作时间太短，所以不开启混合动力系统；为了避免放能完毕后总驱动转矩突然下降而影响起重机行驶的平顺性，当蓄能器压力 $p < p_2$ 时开始慢慢减小液压系统辅助驱动力。则液压二次元件实际需求排量为

$$V_{\text{P/M-act}} = s_2 V_2 \quad (4.32)$$

式中：V_2 为液压二次元件需求排量，$V_2 = \dfrac{2\pi T}{p_2}$，ml/r。

在液压再生制动过程中，液压系统元件工况为泵工况。当 $n < n_1$，即液压系统转速低于最终低转速时，液压系统元件的效率过低，影响起重机液压系统制动能量的回收利用。当液压系统元件的转速低于设定的转速，则减小系统再生制动的值，液压再生制动系统不再再生制动。本书引入制动

第4章 液压混合动力起重机制动能量控制策略研究

缓冲衰减系数 s_3，即

$$s_3 = \begin{cases} \dfrac{n-n_1}{n_2-n_1} & n_1 < n < n_2 \\ 1 & n \geq n_2 \end{cases} \quad (4.33)$$

式中：n 为液压二次元件转速，rpm；n_1 为液压二次元件最低有效转速，rpm；n_2 为液压二次元件制动缓冲转速，rpm。

无论是在驱动工况下还是在制动工况下，为了确保在固定挡位和固定油门或刹车百分比下液压再生制动系统能提供一个稳定的驱动转矩或者是制动转矩，液压二次元件的排量都是根据需求转矩和蓄能器压力实时值来确定的，即

$$V = \frac{2\pi T}{p} \quad (4.34)$$

式中：V 为液压二次元件的需求排量，mL/r。T 为液压二次元件需求转矩，N·m；p 为蓄能器压力，MPa。

为了达到车辆行驶过程中对平顺性的要求，在混合动力模式中设计了缓冲策略，对挡位、缓冲压力，以及转速进行设置，首先，判断车辆是否属于向前行驶状态，其次，判断车辆的行驶状态是加速状态还是刹车状态，再次，判断液压元件的排量。如果车辆在加速工况的话，就判断蓄能器压力的大小，若比缓冲压力小，则使用加速缓冲衰减系数和当前挡位液压元件最大的转矩来计算液压元件排量，如果蓄能器压力大于缓冲压力，则使用蓄能器当前压力和当前挡位最大转矩计算排量，这样来实现转矩恒定。如果车辆处于刹车状态，那么就判断液压元件的转速，如果转速特别低或者指定踏板角度比较小，那么这种情况下是不能回收利用能量的，如果液压泵的转速比缓冲转速低，那么用制动缓冲衰减系数和液压泵的转速和蓄能器的压力来计算液压泵的排量，如果液压泵的转速比缓冲转速大，则使用液压泵转矩和蓄能器压力来计算液压泵的排量使得转矩一定，最后，得出二次元件电磁阀电流（D），根据二次元件电磁阀电流和排量的关系式（$D=kV+b$），以及控制器输出到电磁阀上的电流来控制排量。混合动力控制策略的参数如表4-4所示。

表4-4 混合动力控制策略参数

参数	说明
$None-Gear/Reverse-Gear$	空挡/倒挡信号
Acc_{pedal}/Bra_{pedal}	加速/制动踏板百分比
$U_{act}/U_0/U_{max}$	油门踏板实际/零状态/满状态电压
p_{pre}/p_{back}	制动阀前/后压力
$n/n_s/n_1/n_2$	泵/传动轴/泵最低有效/缓冲转速
$i_g/i_c/i_0$	变速器/转矩耦合器/车桥速比
$s_1/s_2/s_3/s_4$	排量衰减/驱动/制动/主充缓冲系数
$T_0/T_{max}/T_{act-req}$	二次元件当前挡位/最大/实际需求转矩
$V_{P/M-act}/V_{P/M-max}/V_2$	二次元件实际需求/最大/缓冲排量
$p_{act}/p_1/p_2/p_{min}$	蓄能器实际/有效/缓冲/主缓冲充气压力
$k_T/D/K/b$	斜率衰减系数/电流/电磁阀电流/排量关系系数

4.3.3 主动充能控制策略

主动充能模式主要是指$SOC<SOC_{low}$的时候,为了使蓄能器SOC保持在一定的范围内,在行车模式或驻车模式时对蓄能器进行充能,即主动充能可以分为行车充能和驻车充能两种情况。其中,行车充能是指在行车模式下,整车控制单元通过计算蓄能器充液状态来判断是否进行充能,在保证车辆具有足够的正常行驶动力的前提下,如果蓄能器$SOC<SOC_{low}$,整车控制单元根据当前的挡位信息以及相应的规则来计算液压二次元件的排量。然后再对蓄能器进行充能,此时蓄能器则回收发动机多余的能量——需求转矩等于发动机转矩与液压二次元件转矩之差,即$T_{req}=T_e-T_{P/M}$;而驻车充能是指车辆在驻车状态下,如果蓄能器$SOC<SOC_{low}$,由发动机通过动力耦合器带动二次元件向蓄能器充能,此时,发动机转矩等于液压二次元件转矩,即$T_e=T_{P/M}\neq 0$。当主动充能完成后,提高了蓄能器的储备能量,为复合驱动提供了条件,提高了整车的驱动能力。但是车辆在行车充能过程中,由于模式的切换会使转矩突然介入与退出,会对混合动力车辆造成一定的

第4章 液压混合动力起重机制动能量控制策略研究

冲击,因此,为了避免或减少冲击现象对车辆行驶舒适性的影响,本书引入主充衰减系数 s_4,该系数的定义为:

$$s_4 = \begin{cases} \dfrac{30-p}{30-p_{\text{ini-buf}}} & p > p_{\text{ini-buf}} \\ 1 & p \leqslant p_{\text{ini-buf}} \end{cases} \quad (4.35)$$

式中:p 为蓄能器压力,MPa;$p_{\text{ini-buf}}$ 为主动充能时的缓冲压力[①],MPa。

当 $p \leqslant p_{\text{ini-buf}}$ 时,蓄能器正常工作充能,当 $p > p_{\text{ini-buf}}$ 时,则要乘以该系数来计算液压系统的排量,蓄能器压力变大的过程中,液压系统元件的排量慢慢变小直至为零。因此,引入主充衰减系数后,可以有效地避免在充能过程中产生的冲击。

在主动充能的时候,车辆在前进时会因为突然切换状态,有冲击的产生,为了解决这个问题,在充能的情况下增加了缓冲控制策略,为防止充能情况下液压元件效率低的问题,首先,判断液压元件工作是否有效,这个判断方法是看转速范围,如果在有效的范围,那么系统可以进行有效的充能,否则不可以进行充能,其次是判断车辆的工作情况,再次,是判断车辆工作过程液压系统排量,如果起重机速度为零,此时挡位是空挡,那么液压元件在耦合器的带动下以最大的排量充能,这样可以使系统充能的速度最大,如果起重机速度大于零,而且向前行驶,那么判断蓄能器的压力,如果大于缓冲压力,那么使用主衰减系数和当前挡位的液压系统元件的最大的转矩和蓄能器的储能压力来计算系统的排量。当蓄能器的压力小于系统缓冲压力时,则根据当前挡位下的最大扭矩与蓄能器的预充气压力计算液压二次元件的排量;一旦确定了二次元件的排量,电磁阀上的电流值也很容易计算,根据二次元件电流与排量的关系式即可得出。然后再通过蓄能器压力来判断是否已经完成充能:完成充能——蓄能器当前压力大

---

① 主动充能时的缓冲压力 $p_{\text{ini-buf}}$ 是一个预设值。它只能靠实验效果调整。如果假设的话,主要是考虑主动充能的时间和平稳性能之间的平衡,设置得越高充能越快,但是退出得突然;反之充能时间长。如果设置30兆帕的溢流压力,那么缓冲压力可以设置20兆帕。

于或小于其最大工作压力；若未完成充能，则继续充能，直到充满。

4.4 本章小结

本章主要结合混合动力起重机底盘系统结构相关特点，考虑到液压储能系统功率密度大的特点，结合相应的运行工况，分析与研究了整车的行驶模式和能量管理及控制策略。在对液压混合动力系统的驱动模式（纯液压驱动模式、纯发动机驱动模式和联合驱动模式）、制动模式（轻度制动、重度制动和紧急制动）和主动充能模式（驻车充能、行车充能）进行详细分析的基础上，设计了制动能量再生与利用策略及主动充能控制策略。考虑到在换挡时液压系统的突然介入对前置并联式液压混合动力车辆会造成不必要的冲击问题，本书引入相应的缓冲系数来调整二次元件实际排量数值，以提高系统的平顺性要求。

第5章 液压混合动力起重机仿真研究

5.1 引言

为获取基于液压混合动力的起重机在行驶过程中的制动能量的回收与利用情况,有必要对前置并联式液压混合动力起重机液压混合动力系统进行仿真分析。通过建立液压混合动力系统仿真模型,并进行动态仿真,就可以分析系统及元部件的动态特性。这样不仅可以缩短系统设计周期,而且能避免因物理样机的制造费用和重复试验所带来的昂贵试验费用。

本章将在第2章数学模型、第3章参数匹配以及第4章控制策略的基础上,在保证适当精度的前提下,对部件模型进行适当简化,在AMESim仿真环境下建立FPHHC仿真模型,根据实际运行工况,结合整车控制策略,对FPHHC系统的制动性能、动力性能、燃油经济性以及平顺性进行仿真、分析与研究。并详细分析关键元部件的主要物理量的作用及影响,找出影响液压混合动力起重机性能的主要因素,为下一步的后续试验分析提供理论参考。

5.2 整车底盘系统仿真建模

由于FPHHC系统是涉及到机械、液压、控制等多领域的耦合系统,采用单独的仿真软件很难准确地描述系统。为了全面深入地研究FPHHC系统理论,本书将在LMS Imagine.Lab AMESim仿真环境下分别建立并联式液压混合动力起重机的物理模型和控制模型,对混合动力系统进行仿真分析。其中,LMS Imagine.Lab AMESim是一个可以适用于多学科领域针对复杂系统的建模与仿真平台,使用者能够在这个单一平台上,采用基本元素法,按照实际物理模型来构建复杂的多学科领域的系统仿真模型。在基本元素法所建立起的模型基础上,使用者能够对其进行计算与仿真,也能够在所建立的模型上分析任意元件、部件、系统的静特性及动特性。

为了研究前置并联式混合动力车辆在复杂工况下的车辆性能,在AMESim仿真环境中,依据并联式液压混合动力起重机系统结构原理,将各部件模型搭建成并联式混合动力系统仿真模型并进行封装。

本章首先建立混合动力起重机系统动力学仿真模型,参考传统起重机相关参数进行参数设置,然后在一定工况下,在仿真环境中,通过分析模型的性能,把计算机的基于混合动力起重机模型仿真的分析结果与传统起重机进行对比,验证模型的有效性和正确性,并对系统参数进行修正。为了与FPHHC系统性能形成对比,在AMESim仿真环境中建立传统汽车起重机(conventional crane,CONC)系统仿真模型。

FPHHC整车AMESim仿真模型主要包括以下部分:辅助系统的液压二次元件模块、液压蓄能器模块、传统系统的发动机模块、变速箱与换挡模块。FPHHC系统关键部件仿真模型参数列于表5-1中。

表5-1 FPHHC系统关键部件仿真模型参数

名称	参数	单位	数值
液压泵/马达	排量	mL/r	28
	容积效率	%	90
	机械效率	%	80
液压蓄能器	气体预充压力	MPa	15
	容积	L	90
	气体多变指数	–	1.4
多片式离合器	摩擦转矩最大值	N·m	104

续表

名称	参数	单位	数值
液压油液	油液温度	℃	40
	密度	kg/m³	850
	体积弹性模量	MPa	1 700
	绝对粘度	cP	51
车辆	总质量	kg	43 000
	发动机额定功率	kW/(r/min)	249/2 200
	发动机额扭矩	N·m/(r/min)	1 350/1 400
	耦合器速比	—	1.5
	变速器速比	—	10.81/8.00/5.87/4.38/3.26/2.47/1.83/1.34/1.00/0.74
	车轮滚动半径	m	0.572
	迎风面积	m²	7
	传动效率	%	85
行驶环境	风速	m/s	0
	空气密度	kg/m³	1.205
	环境温度	℃	25

5.3 混合动力车辆性能评价指标及仿真分析

为了考察混合动力系统控制策略可行性、有效性及与传统车辆性能的差异，在所建立的液压混合动力起重机仿真模型基础上，调整仿真系统的参数，针对不同工况，对混合动力起重机模型的主要性能进行仿真与计算分析，对模型的评价指标主要考虑该仿真环境下液压混合动力起重机的动态特性情况[87]，继而，再次调节参数进行优化，直到获得良好的起重机性能。最后，在此仿真环境及参数调整的基础上，为了验证结论的正确性，多次进行循环工况的仿真分析，得到较为精准的仿真结论。

5.3.1 车辆整体性仿真分析

在第二章，本书已经建立了前向闭环仿真的模型。建模的目的主要是研究每个子模型的效率特性和系统级动态特性。这个仿真模型可以使我们快速地验证和模拟能量管理策略的性能。

本书仿真工况选用一个完整的美国联邦测试工况FTP-72工况，也叫UDDS（The Urban Dynamometer Driving Schedule）循环工况，该工况由美国环保署EPA（The United States Environmental Protection Agency）提出，主要针对于轻型卡车，该工况模拟了车辆在城市工况下行驶的频繁启停，速度范围较大，包括制动和驱动时车速的多样性，制动强度的多样性，认为其可以有效模拟车辆在普通城市道路上的行驶状态，但在驾驶周期的开始也有高速公路工况，被广泛地应用于混合动力车辆的研究和测试中。在国内，哈尔滨工业大学、吉林大学、浙江大学、华中科技大学的部分研究均以UDDS为循环工况进行车辆性能的仿真分析；在国外，美国密歇根大学的多位学者也利用该工况进行研究。后来被广泛用于各类研究中。其完整循环工况总耗时为1 370秒，设置仿真时间步长为0.01秒。由上文可知，起重机模型里核心部件的关键参数在其选型时便已经计算得出。由起重机在UDDS工况下行驶时的线性车速、线性加速度、机械惯性功率及能量变化，可以清晰地看到在整车控制策略的控制下，FPHHC的线性位移比较平稳，驱动和制动十分频繁，仿真模型能够精确地完成驱动循环；FPHHC的机械惯性功率和惯性能量随着车速的变化而变化。

在一个完整UDDS工况下，从FPHHC的车速、发动机扭矩、液压二次元件扭矩、液压蓄能器工作压力变化可以看出，随着车速的变化，发动机的扭矩、液压二次元件的扭矩及液压蓄能器的压力也相应地发生变化，FPHHC可以有效地回收和利用制动能量，但在制动不频繁的高速阶段，液压二次元件以及蓄能器的压力变化很小，制动能量回收较少，发动机的扭矩相应较大；而在制动比较频繁的中、低速阶段，发动机的扭矩相应较小，而液压二次元件及蓄能器的压力变化较大。因此，在整车控制策略的控制下，FPHHC系统能够回收和利用制动能量，在制动频繁的城市工况，制动能量的回收与利用效率较高。

5.3.2 制动效能评价指标

由汽车理论可知，所谓的制动效能[72]是指车辆以一定的制动初速度开始制动时，车辆迅速降低车速直至停车的能力。通常用制动距离 S 和制动减速度 a_b 来评定车辆制动效能。对于混合动力车辆而言，还要考察制动能量回收能力。

5.3.2.1 制动减速度

制动减速度定义为制动条件下车速对时间的导数，即 $\dfrac{\mathrm{d}v}{\mathrm{d}t}$。它是衡量地面制动力大小的标准，与车轮抱死拖滑状态下的附着力和车辆制动时车轮滚动的制动力有关。在不同路面上，地面制动力计算公式如下

$$F_{\mathrm{Xb}} = \varphi_b M_{\mathrm{veh}} g \tag{5.1}$$

则车辆所能达到的减速度为

$$a_{b-\max} = \frac{\varphi_b M_{\mathrm{veh}} g}{M_{\mathrm{veh}}} = \varphi_b g \tag{5.2}$$

在评价汽车制动性能时，由于车辆的瞬时速度曲线复杂，曲线上某一点的值没有代表性，不能很好反映汽车的制动性能。因此采用平均制动减速度衡量汽车制动性能，即

$$\bar{a} = \frac{1}{t_2 - t_1} \int_{t_1}^{t_2} a(t) \mathrm{d}t \tag{5.3}$$

式中：t_1 为制动压力达到最大压力 $p_{\max}$ 75%时所用的时间，s；t_2 为停车总时间的 2/3，s。

欧洲经济委员会汽车标准法规（ECE R13）和汽车起重机和轮胎起重机试验规范（GB/T6068.2-2005）是在规定的条件下，通过测量相应的初速度下的制动距离和/或从分发出的平均减速度（MFDD，Mean Fully Developed Braking Deceleration）来确定的[88]，即

$$\mathrm{MFDD} = \frac{v_b^2 - v_e^2}{25.92(S_e - S_b)} (\mathrm{m/s^2}) \tag{5.4}$$

式中：v_b 为 $0.8v_0$（试验车制动初速度）的车速，km/h；v_e 为 $0.1v_0$ 的车

速，km/h；S_b 为试验车速度从 v_0 到 v_b 的行驶距离，m；S_e 为试验车速度从 v_0 到 v_e 的行驶距离，m。

5.3.2.2 制动距离

制动距离是影响汽车行驶安全的关键因素。当汽车以初速度 v_0 行驶时，某一时刻操作员踏下制动踏板制动至车辆完全静止，把这段过程中车辆行驶的路程称为制动距离。车辆制动距离的影响因子较多，主要包括发动机结合状态，制动踏板力，制动时路面状况等。因此在测试制动距离时，应对上述因素做一规定。除此之外，制动器自身热状况也会对制动距离产生影响，一般规定，所测得的制动距离为冷实验条件下获得的，这样可以保证在初始制动时，制动器的温度低于100℃。对于轻型货车和重型货车，动力性的要求不同。所以重型货车的行驶速度低，相比于轻型货车，重型货车的制动效能要求低一些。

制动过程可以分为驾驶员从接收制动信号到行动反应的阶段、制动器参与制动的阶段、制动器稳定持续制动的阶段、车辆脱离制动状态后的阶段。前文已表述制动距离的相关定义，从制动踏板受力到车辆制动完成这段过程中，实际的制动距离应为两个阶段的行驶距离和（参与制动阶段的路程 S_2、制动器稳定持续制动阶段的路程 S_3），因此，对车辆制动距离的函数表述为[89,90]

$$S = S_2 + S_3 = \left(\tau_2' + \frac{\tau_2''}{2} \right) v_0 + \frac{v_0^2}{2a_{b-max}} - \frac{a_{b-max} \tau_2''^2}{24} \quad (5.5)$$

因为 τ_2'' 很小，故略去 $\dfrac{a_{b-max} \tau_2''^2}{24}$ 项，则上式可写成

$$S = \frac{1}{3.6} \left(\tau_2' + \frac{\tau_2''}{2} \right) v_{a0} + \frac{v_{a0}^2}{25.92 a_{b-max}} \quad (5.6)$$

从式（5.6）可以看出，决定汽车制动距离的主要因素为制动器起作用的时间、最大制动减速度即附着力（或最大制动器摩擦制动力）以及起始制动车速。显而易见，附着力（或最大制动器摩擦制动力）越大、起始制动车速越低，制动距离越短。

5.3.2.3 制动能量回收效率

为了考量液压再生制动系统在制动过程中的动量回收能力大小，采用制动能量回收效率作为评价指标。制动能量回收效率可以用制动动能与液压蓄能器压力的变化百分比来表示。其中，液压混合动力起重机在制动过程中的动能为

$$\sum E_{\text{veh}} = \sum \frac{1}{2} M_{\text{veh}} \left(v_2^2 - v_1^2 \right) \quad (5.7)$$

式中：M_{veh} 为起重机整机质量，kg；v_1 为制动初始速度，km/h；v_2 为制动终了速度，km/h。

假设蓄能器最高工作压力为 $p_{\max}$，当 $p_1 = p_0$，$p_2 = p_{\max}$ 时，蓄能器所吸收的能量最大，则

$$\sum E_{\text{acc}} = -\int_{V_1}^{V_2} p \mathrm{d}V = -\int_{V_1}^{V_2} p_0 \left(\frac{V_0}{V} \right)^n \mathrm{d}V = \frac{p_0 V_0}{n-1} \left[\left(\frac{p_{\max}}{p_0} \right)^{\frac{n-1}{n}} - 1 \right] \quad (5.8)$$

式中：V_2 为最低工作压力 p_2 所对应气囊气体体积，m³；V_1 为最低工作压力 p_1 所对应气囊气体体积，m³；V_0 为预充气压力 p_0 所对应气囊气体体积，m³。

由于制动能量回收系统只安装在驱动轴上，所以只能回收部分车辆动能，则混合动力起重机制动能量回收率为

$$\eta_{\text{brk-recycle}} = \frac{\sum E_{\text{acc}}}{0.5 \sum E_{\text{veh}}} \times 100\% = \frac{\dfrac{p_0 V_0}{n-1} \left[\left(\dfrac{p_{\max}}{p_0} \right)^{\frac{n-1}{n}} - 1 \right]}{0.5 \sum 0.5 M_{\text{veh}} \left(v_2^2 - v_1^2 \right)} \times 100\% \quad (5.9)$$

5.3.2.4 制动性能仿真分析

液压混合动力系统是与起重机的驱动轴相耦合的，在UDDS工况下FPHHC后轴总力矩关系中，FPHHC系统机械摩擦制动力矩与液压制动力矩随着工况的变化而变化，在制动强度较小或中等强度时，基本是以液压制动或液压制动与机械摩擦制动联合制动为主，只有在紧急制动情况下，才以机械摩擦制动为主。

以FPHHC从50 km/h～0时的制动性能为例。从模拟的结果来看，车轮的移动率比较小，车轮没有抱死的现象，停车制动力矩由机械摩擦制动系统提供。

起重机从50 km/h的速度开始制动到完全停止，如果制动距离为67.659 m，平均制动减速度MFDD为$1.45\ m/s^2$，随着制动过程的进行，FPHHC的动能逐渐减小，液压蓄能器的能量逐渐增加。FPHHC在此制动过程中总动能为4 179 211.6 J，蓄能器回收228 283.6 J，耗散掉448 175.76 J，液压蓄能器SOC由56.3%上升到68.3%，则由式（5.9），制动能量回收率为

$$\eta_{\text{brk-recycle}} = \frac{\sum E_{\text{acc}}}{0.5\sum E_{\text{veh}}} \times 100\% = \frac{228\,283.6}{0.5 \times 4\,179\,211.6} \times 100\% = 11\% \quad (5.10)$$

以FPHHC从30 km/h～0时的制动性能为例。从模拟的结果来看，车轮没有抱死的现象，液体的再生制动的扭矩和机械摩擦的制动力可以在控制战略的作用下调整工作，汽车刹车时的稳定性可以保证。整个过程中，先是主要液压二次元件参与制动，随后，液压二次元件由于不能继续回收制动能量，不再施加制动力。制动力矩主要由机械摩擦制动力矩施加，而液压再生制动力矩在制动过程中主要起辅助的制动作用。当车速达到最低稳定车速后，停车制动力矩由机械摩擦制动系统提供。

起重机从30 km/h的速度开始制动到完全停止，在31.198 m的制动距离内，平均制动减速度MFDD为$1.22\ m/s^2$，随着制动过程的进行，FPHHC的动能逐渐减小，而液压蓄能器的能量则逐渐增加。在此制动过程中，FPHHC的总动能为1 643 863 J，液压蓄能器回收了108 341.8 J，剩余的1 535 521.2 J则被耗散掉。同时，液压蓄能器的SOC从62.32%上升到68.24%，根据式（5.9），制动能量回收率为

$$\eta_{\text{brk-recycle}} = \frac{\sum E_{\text{acc}}}{0.5\sum E_{\text{veh}}} \times 100\% = \frac{108\,341.8}{0.5 \times 1\,643\,863} \times 100\% = 13\% \quad (5.11)$$

从制动工况的仿真结果可以看出，在控制策略的协调控制下，液压混合动力的制动能量回收系统在UDDS工况能够很好地回收制动能量。制动稳定性好，同时充分地回收了制动能量。但影响制动能量回收率的因素很

多，制动能量的回收率不仅与制动车速有关，还与制动强度、液压蓄能器SOC等多因素有关。

液压再生制动系统回收能量的能力与液压二次元件作用时间的长短，液压再生制动力矩以及初始车速的大小有直接的关系。液压二次元件作用时间越长、制动强度越小、初始车速越大，系统回收能量就越多。这是因为制动强度越小时，制动力矩主要由液压再生制动力矩施加，保证液压再生制动参与了主要的制动工作，并且制动时间相对较长，因此能量回收比较充分。

5.3.3 动力性能评价指标

前置并联式液压混合动力起重机（FPHHC）从静止开始加速行进，液压混合动力系统起到了辅助驱动的作用，前置并联式液压混合动力起重机的输出转矩明显比传统起重机发动机的转矩小，使发动机有效地避开了起车过程中的低转速、大转矩的低效区。

为了更加清晰地考察液压混合动力起重机动力性能的提升，对前置并联式液压混合动力起重机与传统起重机分别进行动力性能仿真分析。设定仿真坡度为35%，蓄能器出口压力为30 MPa。与传统起重机相比，液压混合动力起重机从静止加速到30 km/h的速度的加速时间提升明显，最高车速也可以高出将近10 km/h，爬坡距离也大很多。因此，从仿真结果可以看出，前置并联式液压混合动力起重机混合动力结构可以显著地提升车辆的动力性能。

5.3.4 燃油经济性评价指标

燃油经济性是指在保证动力性的条件下，车辆以尽量少的燃油消耗量经济行驶的能力。燃油经济性的好坏，决定车辆的使用成本及排放性能。由于能源与环境问题是全球关注的重要问题之一，因此，车辆的燃油经济性越来越受到人们的重视。一般来讲，车辆的燃油经济性通常用一定运行工况下车辆的百公里的燃油消耗量或以一定的燃油量使车辆行驶的里程来衡量。在我国及欧洲常用L/100 km作为燃油经济性指标的单位，即每行驶100 km所消耗的燃油升数。其数值越小，则车辆的燃油经济性越好。

本书是针对传统车辆进行液压混合动力改装进行研究，所以其主要目标是在满足动力性及相关排放法规的前提下，提高液压混合动力起重机的燃油经济性。发动机模块采用简单转矩转速输出子模型，通过计算发动机做功来评价系统的燃料消耗。发动机在一段时间做功为

$$W_e = \int_{t_1}^{t_2} \frac{T_e n_e}{9\,550} dt \tag{5.12}$$

式中：T_e 为发动机转矩，Nm；n_e 为发动机转速，r/min。

与传统车辆相比，混合动力车辆还要计算其燃油经济性提高率。液压混合动力起重机燃油经济性提高 FEI（The Improvement in Fuel Economy）是指 FPHHC 与 CONC 百公里燃油消耗量的差值（即节省的燃油）占 CONC 百公里燃油消耗量的比重，可用式（5.13）定义，即

$$FEI = \frac{FC_{CONC} - FC_{FPHHC}}{FC_{CONC}} \times 100\% \tag{5.13}$$

式中：FC_{CONC} 为传统起重机燃油消耗量，L/100 km；FC_{FPHHC} 为前置并联式液压混合动力起重机燃油消耗量，L/100 km。

在 UDDS 工况下，分别对前置并联式液压混合动力起重机和传统起重机进行了节油仿真。仿真结果显示，在该工况下，CONC 系统中发动机的工作量仍然高于 FPHHC 系统。如果 CONC 系统发动机的工作量为 101 072.2 kJ，燃油消耗 3.58 L，而 FPHHC 系统的发动机的工作量为 91 104.07 kJ，燃油消耗为 2.92 L，由式（5.13）计算，节油率 FEI 为 18.436%。

在 ECE+EUDCS 工况下，分别对前置并联式液压混合动力起重机和传统起重机进行了节油仿真。仿真结果显示，在该工况下，CONC 系统中发动机的工作量仍然高于 FPHHC 系统。如果 CONC 系统发动机的工作量为 112 034.2 kJ，燃油消耗为 5.05 L，而 FPHHC 系统的发动机工作量为 89 818.44 kJ，燃油消耗为 4.37 L，根据式（5.13）计算，燃油经济性提高了 13.435%。

在更严格的 JC08 工况下，分别对前置并联式液压混合动力起重机和传统起重机进行了节油仿真。仿真结果显示，FPHHC 系统发动机的工作量低于 CONC 系统。在该工况下，如果 CONC 系统发动机的工作量为 65 402.02 kJ，燃油消耗为 2.670 L，FPHHC 系统的发动机工作量为 62 348.03 kJ，燃油消耗

为2.015 L，由式（5.13）计算，燃油经济性提高了24.532%。

对比以上三种测试工况下的节油率，如表5-2所示。仿真结果表明，在JC08循环工况下燃油经济性提高得最大，达到了24.532%，而在ECE+EUDC循环工况下燃油经济性提高得最小，在UDDS工况下燃油经济性提高得相对较小，但FPHHC的油耗相比CONC的油耗有了很大降低，节油效果十分明显。

表5-2　不同仿真工况下起重机燃油经济性对比

工况及车辆	UDDS		ECE+EUDC		JC08	
	CONC	FPHHC	CONC	FPHHC	CONC	FPHHC
发动机做功/kJ	101 072.2	91 104.07	112 034.2	89 818.44	65 402.02	62 348.03
燃油消耗量/L	3.58	2.92	5.05	4.37	2.670	2.015
燃油经济性提高/%	18.436%		13.435%		24.532%	

5.3.5 平顺性评价指标

车辆的平顺性主要是指在行驶过程中使车辆产生的振动和冲击环境对驾乘人员舒适性的影响。它是评价车辆性能的主要指标之一，通常根据驾乘人员主观感觉的舒适性来评价。通常，车辆在行驶时，由于路面不平，发动机、传动系以及车轮等旋转部件可以激发车辆的振动。而对于混合动力起重机而言，系统在模式切换过程中，所引起的冲击而产生的振动可能对驾驶人员及乘坐人员造成不适的感觉。并且，如果转矩冲击大，混合动力系统的元部件使用寿命会随之降低。

而评价模式切换过程控制效果的通常有主观评价法和客观评价法。其中，主观评价法简单易行，仅凭驾驶员的感觉就可以对驾驶的平顺性及乘坐的舒适感主观地进行评价。但受个体差异的影响，存在不确定性，无法区分路况和传动系引起的平顺性问题，评价准确性较低。而客观评价法是通过测量数据并由控制器处理后判断其是否在所要求的性能指标范围内。这种评价方法不受任何主观意愿的影响。目前，冲击度是评价模式切

换过程的主要客观评价指标之一。所谓冲击度是指车辆行驶时纵向加速度的变化率。公式为

$$J = \frac{\mathrm{d}a}{\mathrm{d}t} = \frac{\mathrm{d}^2 v}{\mathrm{d}t^2} \tag{5.14}$$

式中：J 为车辆的冲击度，m/s^3；a 为车辆的加速度，m/s^2；v 为车辆的速度，m/s。

根据牛顿第二定律，考虑变速器速比 i_g 和主减速器 i_0 以及传动效率 η_T 可进一步得到冲击度的表达式为

$$J = \frac{\mathrm{d}^2 v}{\mathrm{d}t^2} = \frac{i_g i_0 \eta_T}{\delta \cdot M_{veh} r} \cdot \frac{\mathrm{d}T_c}{\mathrm{d}t} \tag{5.15}$$

式中：δ 为车辆旋转质量换算系数；M_{veh} 为整车质量，kg；r 为车轮半径，m；i_0 为主减速比；i_g 为变速器速比；η_T 为车辆传动系的效率；T_c 为主离合器的转矩，N·m。

由式（5.15）可以看出，若液压混合动力起重机在模式切换过程中，减小转矩的波动带来的扰动，就可以减少车辆的冲击度，保证传动系平稳地输出动力，而没有由于冲击而带来的不适的影响，进而可延长传动系元、部件的使用寿命。在我国，推荐冲击度值为 $J \leq 17.64\ m/s^3$ [91]。因此，为了提高混合动力起重机的驾驶平顺性，使驾乘人员在模式切换过程中感到舒适，这里主要考察在混合动力系统控制策略中所引入的衰减系数对车辆平顺性的影响，设置了缓冲压力、缓冲转速等。加速衰减系数的设定，会对发动机和液压二次元件的转矩输出有很大影响：由于引入了加速衰减系数，液压马达与发动机的输出的转矩会逐渐降低和增加，变化比较平稳，冲击度会很小，这样对驾乘人员产生的不适感会很小；而未设定加速衰减系数时，发动机和液压二次元件输出的转矩变化比较突兀，冲击度就会很大，会给驾乘人带来明显的冲击感觉。

从制动过程中的缓冲效果对比来看，通过设定制动缓冲衰减系数，液压泵和机械摩擦制动器保证了混合动力车辆的行驶平顺性。而未设定制动缓冲衰减系数时制动转矩则有明显的突变，冲击度很大，会给驾乘人员带

来不适的冲击感。

5.4 本章小结

本章主要在前置并联式液压混合动力系统的结构以及整车系统各部件的数学模型的基础上，结合各工作模式的控制策略，利用LMS AMESim仿真软件分别建立了传统起重机（CONC）和前置并联式液压混合动力起重机（FPHHC）的系统动态仿真模型，分别结合液压混合动力车辆的性能评价指标进行了相应的仿真与分析，仿真结果验证了控制策略的正确性，通过与CONC对比，FPHHC的制动效能、动力性能及燃油经济性均有不同程度的提高，在保证动力性能要求的前提下，FPHHC能在一定程度上达到节能减排的作用，能有效减少起重机的使用成本和对环境的污染。通过设定缓冲系数的方法可以有效地减少液压混合动力系统由于模式切换而引起的冲击影响，提高车辆的缓冲效果，减少对驾乘人员的冲击感受。

第6章　液压混合动力起重机试验研究

6.1 引言

在液压混合动力系统的研发过程中，整机试验是混合动力起重机研发的重要内容之一，它是验证理论分析与仿真结果正确性的依据[92]。为了验证前面章节建立的理论模型、仿真模型以及制定的控制策略，本章将在前面理论分析与仿真分析的基础之上，开发前置并联式液压混合动力起重机试验样机并对相关性能指标进行实际测试、分析与验证，找出理论和模型上的不足，并对模型进行相应的修正与完善，为以后更深入的研究及工程实际应用打下坚实的基础。

6.2 试验设计

6.2.1 试验样车整体结构及主要参数

6.2.2.1 试验样车整体结构

为了验证本书提出的前置并联式液压混合动力构型的有效性和仿真模型的精确性，本书基于国产某型号起重机改装开发了一台前置并联式液压混合动力起重机的试验样机。由于本书只研究起重机底盘部分制动能量的回收问题，因此起重机样机的上机部分被拆掉，为确保试验样机与实际起重机的整车质量相符，安装了一组配重，来补偿拆掉的上机质量。混合动力系统的主要元件均依据匹配计算对比情况选定。前置并联式液压混合动力起重机试验样机和试验样机液压混合动力系统布置图如图6-1和图6-2所示。

第6章 液压混合动力起重机试验研究

图6-1 前置并联式液压混合动力起重机试验样车

图6-2 试验样车液压混合动力系统布置图

6.2.2.2 试验样车主要参数

液压混合动力起重机试验样机关键部件参数及生产厂家相关信息如表6-1所示。

表6-1 液压混合动力起重机试验样机关键部件参数

名称	型号	参数	单位	数值	生产厂家
整车参数	QY50K底盘	总质量	kg	43 000	北汽福田汽车股份有限公司
		车轮滚动半径	m	0.572	
		迎风面积	m^2	7	
		传动效率	%	85	

续表

名称	型号	参数	单位	数值	生产厂家
发动机	杭发 WD615.334	额定功率	kW/(r/min)	249/2 200	中国重汽集团杭州发动机销售有限公司
		额定扭矩	N·m/(r/min)	1 350/1 400	
转矩耦合器	QQ90全功率取力器	速比	—	1.375	陕西法士特齿轮有限责任公司
变速器	法士特 9JS150T-B	速比	—	10.81/8.00/5.87/4.38/3.26/2.47/1.83/1.34/1.00/0.74	采埃孚传动技术（杭州）有限公司
液压泵/马达	A4VG125	排量	mL/r	125	博世力士乐（北京）液压有限公司
		容积效率	%	90	
		机械效率	%	80	
液压蓄能器	NXQ1-F100/31.5-H	气体预充压力	MPa	16	黎明液压有限公司
		容积	L	100	
		气体多变指数	—	1.4	

6.2.2 实时控制系统

控制系统采用dSPACE公司的MicroAutoBox控制器搭建控制原型，MicroAutoBox实物外观图如图6-3所示。dSPACE是一可进行非全实物仿真、控制系统研发的软硬件一体化工作台，与MATLAB/Simulink软件实现紧密连接，它的可靠性高、实时性能好、扩展性和兼容性强。其中，MicroAutoBox为dSPACE的一种车用硬件，它独立紧凑、应用广泛、快速可靠。MicroAutoBox中包含可靠的I/O功能，而且具有很强的信号调理功能。所以，我们使用了其中的大数字量和模拟量的输入输出模块，分别为1401

第6章 液压混合动力起重机试验研究

和1501模块，还应用了包括PWM、CAN通信以及相关模块。我们还使用了dSPACE公司研发的实时工具软件ControlDesk，并通过MATLAB/Simulink/Stateflow来开发控制器和相应控制模型。然后利用dSPACE的新一代实验工具软件ControlDesk来监管试验过程中的数据变化，具体如图6-4所示。

图6-3　MicroAutoBox实物外观图 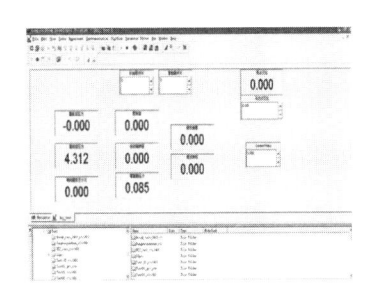　　图6-4　ControlDesk管理界面

由于MicroAutoBox只能实现相关信号驱动与采集而不能进行相应的信号调理和功率放大，因此，传感器和执行器不能直接连接，需要有信号调理电路。因此，我们要设计信号调理电路，实现信号的调理。自制信号调理放大板实物外观图如图6-5所示。实时控制系统硬件实物分布图如图6-6所示。在实际测试时，通过Dspace特定的软件和连接线可以将按照一定标准建立的SimuLink和Stateflow模型下载到实时控制器MicroAutoBox中实时运行，经功率放大板放大后驱动执行元件，从而避免仿真后再编程，能够实现控制模型与控制实际的紧密连接。

图6-5　自制信号调理放大板外观图 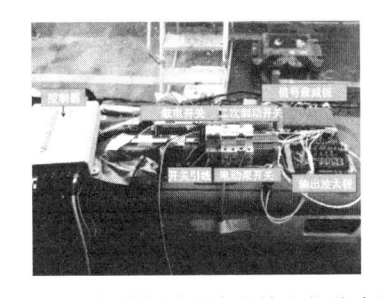　　图6-6　实时控制系统硬件实物分布图

基于快速控制原型（Rapid Control Prototype，RCP）技术，我们开发了混合动力系统的控制系统，并参照BOSCH公司的发动机控制Demo文档，确定了本项目的控制输入输出逻辑，建立了发动机控制器构建。整个系统模型思路清晰，内容完善，可视化程度高，便于修改。

6.2.3 测点布置与信号采集

6.2.3.1 系统测点布置

考虑到联合工况的分析，在整个测试过程中，由于采集和监测许多信号需要同时检测，因此要在并联式液压起重机的关键位置布置相应的测点。用并联式液压混合动力起重机实验样机液压系统原理图来指出系统测点的布置，如图6-7所示。系统共设置了十个测点，分别测量蓄能器、主泵吸油口、主泵1口、主泵2口和控制口的压力、主泵1口流量、比例阀a和b信号、补油泵的控制信号以及充放开关信号等。

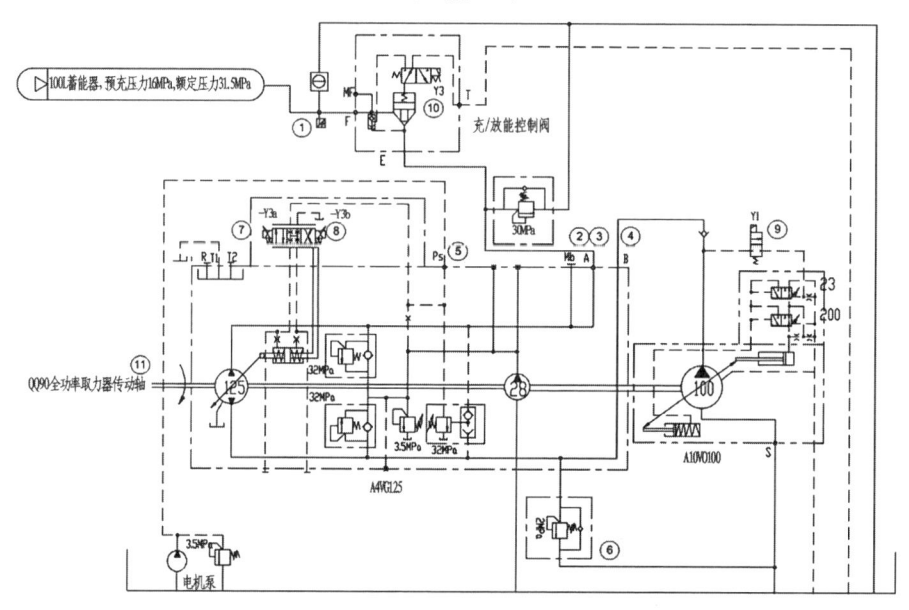

1-蓄能器压力；2-主泵1口压力；3-主泵1口流量；4-主泵2口压力；5-控制口压力；
6-主泵吸油口压力；7-比例阀a信号；8-比例阀b信号；9-补油泵控制信号；10-充放开关信号

图6-7 液压系统测点布置

6.3.2.2 测点汇总

除液压系统测点相应的布置之外,测试系统还要从车辆的CAN总线中读取相应的制动系统信号、变速箱信号以及车速信号等测试要素,进行分析与决策。液压混合动力起重机试验样机测点汇总如表6-2所示。

表6-2 液压混合动力起重机试验样机测点汇总

测试要素	设备名称	量程	数量	输入	输出
蓄能器压力	压力传感器	40MPa	1	10～30 V直	0～10 V直
主泵1口压力	压力传感器	40MPa	1	10～30 V直	0～10 V直
主泵1口流量	流量传感器	300L/min	1	10～30 V直	0～10 V直
主泵2口压力	压力传感器	40MPa	1	10～30 V直	0～10 V直
主泵控制口压力	压力传感器	40MPa	1	10～30 V直	0～10 V直
吸油口压力	负压传感器	0.1MPa	1	10～30 V直	0～10 V直
主泵比例阀a信号			1		
主泵比例阀b信号			1		
补油泵控制信号			1		
充放控制阀开关信号			1		
QQ90取力转速信号	转速传感器		1		
22回路储气筒压力	气压传感器	1.6MPa	1	10～30 V直	0～10 V直
脚制动阀22口压力	气压传感器	1.6MPa	1	10～30 V直	0～10 V直
3桥气室压力	气压传感器	1.6MPa	1	10～30 V直	0～10 V直
4桥气室压力	气压传感器	1.6MPa	1	10～30 V直	0～10 V直
变速箱输出端转速信号	变速箱提供		1		
变速箱空挡信号	变速箱提供		1		
变速箱前进挡信号	变速箱提供		1		

续表

测试要素	设备名称	量程	数量	输入	输出
变速箱倒挡信号	变速箱提供		1		
发动机转速信号	CAN		1		
混合动力模式选择开关	开关信号		1		
主动充能模式开关	开关信号		1		
辅助制动模式开关	开关信号		1		
车速	VGPS		1	10~30 V直	0~10 V直
加速度	陀螺仪		1	10~30 V直	0~10 V直

6.3.2.3 信号采集

针对前置并联式液压混合动力起重机控制信号多、数据量大的特点，本书采用DEWETRON数据采集仪，既能精确测量又能进行大量数据存储。它是奥地利德维创（DEWETRON）公司开发的DEWEsoft图形化数据采集和分析软件，它具有可更换的信号调理模块，让数据采集具有多套数据采集的功能，而且使用效率更高。该产品质量稳定可靠、性价比优异，以其高度便携及组合式数据采集分析系统享誉世界。软件操作简单，人机交互界面简易，并集成了众多非常形象的图形化模块。内部能生成正弦波、脉冲输出、调频输出和随机信号等多种信号，同时可同步记录模拟、数字GPS等数据。总线为CAN-bus。可设定触发、实现实时快速显示数据曲线，以及可将输出数据导入到其他后处理软件进行处理[93]。在进行数据采集之前，首先要进行通道设置、传感器标定、试验标定，为了在试验过程中实时监测信号的变化情况，还要在总览界面拖入相应的图形模块；最后保存相关信息。DEWETRON数据采集仪和采集界面如图6-8所示。从采集界面可以看到被测信号的实时变化情况。

第6章 液压混合动力起重机试验研究

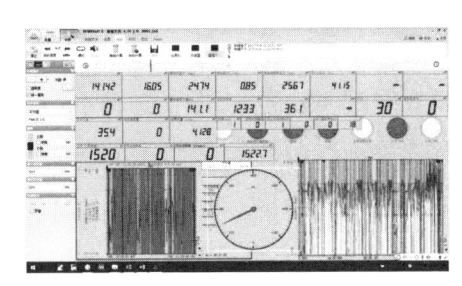

图6-8 DEWETRON数据采集仪和实车采集界面

6.2.4 测试工况及方法

6.2.4.1 测试工况

为了更加详实地记录测试结果，使测试结果贴近实际分析，我们制定了详细的测试工况以及测试要求与方法。在标准多循环工况测试中，工况1：起重机以加速度0.19 m/s²从0加速至25 km/h，行驶125 m；工况2：再以25 km/h的速度等速行驶100 m；工况3：以加速度0.25 m/s²从25 km/h的速度匀加速到40 km/h，行驶150 m；工况4：保持40 km/h的速度行驶250 m；工况5：以加速度0.2 m/s²从40 km/h的速度加速到50 km/h，行驶175 m；工况6：保持50 km/h的速度行驶250 m；工况7：以制动减速度–0.32 m/s²从50 km/h的速度开始制动一直到起重机停止，制动距离300 m，耗时43.2 s。标准多循环测试工况过程曲线如图6-9所示，具体运行工况说明如表6-3所示。

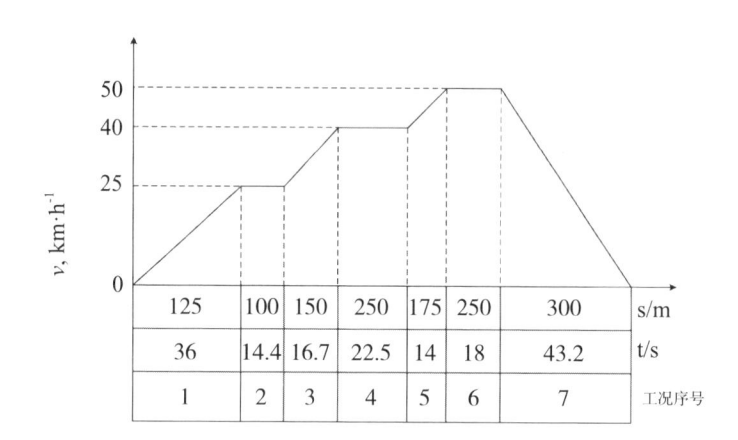

图6-9 标准多循环工况

表6-3 液压混合动力起重机试验样机循环工况说明

工况序号	状态，km/h	行程，m	累计行程，m	时间，s	加速度，m/s²
1	0~25	125	125	36	0.19
2	25	100	225	14.4	—
3	25~40	150	375	16.7	0.25
4	40	250	625	22.5	—
5	40~50	175	800	14	0.2
6	50	250	1 050	18	—
7	50~0	300	1 350	43.2	-0.32

6.2.4.2 试验方法[94]

在试验前须进行相关处理，比如完成清洁起重机，打开驾驶室通风口等工作；液压混合动力起重机试验样机在实验前须按规定进行磨合，且试验用的燃料应符合发动机生产厂家的规定；按厂家推荐的轮胎最大负荷和最高试验速度对应的轮胎充气压力进行充气，且花纹深度应在初始花纹深度的50%～90%之间；按规定注满冷却液、燃油、润滑油；整机配置标准配重；液压油清洁度在NAS10级以内，液压油温控制在（50±5）℃范围内测试，以减小液压油黏温特性对测试结果的影响。

在试验中，起重机宜用高挡进行测试，当高挡位达不到工况要求并超出规定的偏差时，可将挡位降低一级进行试验，当起重机进入可用高挡行驶的等速行驶段和减速行驶段时，再切换到高挡进行试验。由于起重机装备的是九挡手动变速器，所以起步时采用Ⅱ挡起步，按照规定循环试验，且换挡操作应迅速、换挡状态平稳；在减速行驶中，应完全放松油门，但要保证离合器仍结合。当试验车速降至10 km/h时，再踩离合器，考虑安全因素，必要时，减速工况中允许使用起重机的制动器制动。

进行多次循环工况的往复运行，分别测试传统起重机（液压混合动力系统全程不介入车辆运行）与并联式液压混合动力起重机试验样机的性能。起重机试验样机在多工况的终速度的偏差不得超出±3 km/h范围，其他各工况的速度偏差不得超出±1.5 km/h范围；在各种行驶工况下，允许车速超差，但在任何条件超的时间不得大于1 s。考虑到液压混合动力起重机自身重量较大，属于大吨位重型车辆，故在传统起重机试验中可忽略因试验样机携带液压混合动力系统而产生的质量增加对起重机性能的影响。四次试验结果取算术平均值为试验的测定值。

6.3 整机测试与分析

6.3.1 系统响应及噪声特性测试与分析

6.3.1.1 系统响应时间

由于系统的响应时间对液压混合动力系统的可靠性和混合动力起重机的安全性有着至关重要的影响，系统响应特性可以衡量液压混合动力起重机控制系统对起重机控制的有效性。因此，需要对混合动力起重机试验样机进行系统响应特性测试，在制动能量回收及利用过程中，以系统条件满足制动踏板/油门踏板的作用条件开始，至系统压力（蓄能器压力）/流量状态变化所用时间评估整体系统响应性，统计多次充、放能过程系统的响应时间汇总曲线。从统计结果可以看出，在充能过程中系统的平均响应时间为0.354 s，在放能过程中系统的平均响应时间为0.368 s。

6.3.1.2 二次元件响应特性

为了检测A4VG的排量控制精度、重复性以及响应速度，进行了液压混合动力起重机试验样机A4VG排量控制特性测试。二次元件响应特性测试主要包括连续响应和阶跃响应特性测试。

控制精度测试中将蓄能器卸荷阀门和充能开关打开，使液压泵处于空载状态。在发动机转速固定的情况下，相当于控制电流从0变化至600 mA，在液压二次元件的A口布置流量传感器，轴端布置转速传感器；重复性测试则在上一测试基础上，将控制信号由小变大再由大变小，计算控制信号上升和下降过程中排量的重复性；响应速度测试是输入斜坡和阶跃形式的排量控制信号，观察流量变化与对应信号之间的时间差。

控制信号与液压二次元件的排量具有较好的线性度，重复精度较高；注意到控制电流增加与减少时，排量数值有较为明显的差别，存在滞环，相同控制电流下排量最大相差10 mL/r，即控制信号相同时，A4VG实际输出转矩之差为11~48 Nm，随着挡位变化，作用在驱动轴上的转矩差最大可达607 Nm，作用在车轮上的转矩差最大可达3 480 Nm。因此滞环问题需要予以解决。需要进一步试验测试滞缓规律，若确实存在规律，则根据信号变换方向调整控制信号的偏差，减少滞环造成的转矩差异。从控制信号与流量数值情况来看，变量响应时间很短，可初步估算排量响应时间约为0.0X数量级，远低于气压制动的响应时间，因此不会造成液压制动力介入滞后等问题。

6.3.1.3 液压蓄能器响应特性

液压蓄能器响应特性测试，主要测试液压混合动力系统的充能响应时间与放能响应时间。液压蓄能器响应特性曲线如图6-10所示，从实验测试曲线可以看出，液压蓄能器的充能响应时间是0.47 s，放能响应时间是0.16 s，二者响应时间均能满足系统对响应速度的要求。

第6章 液压混合动力起重机试验研究

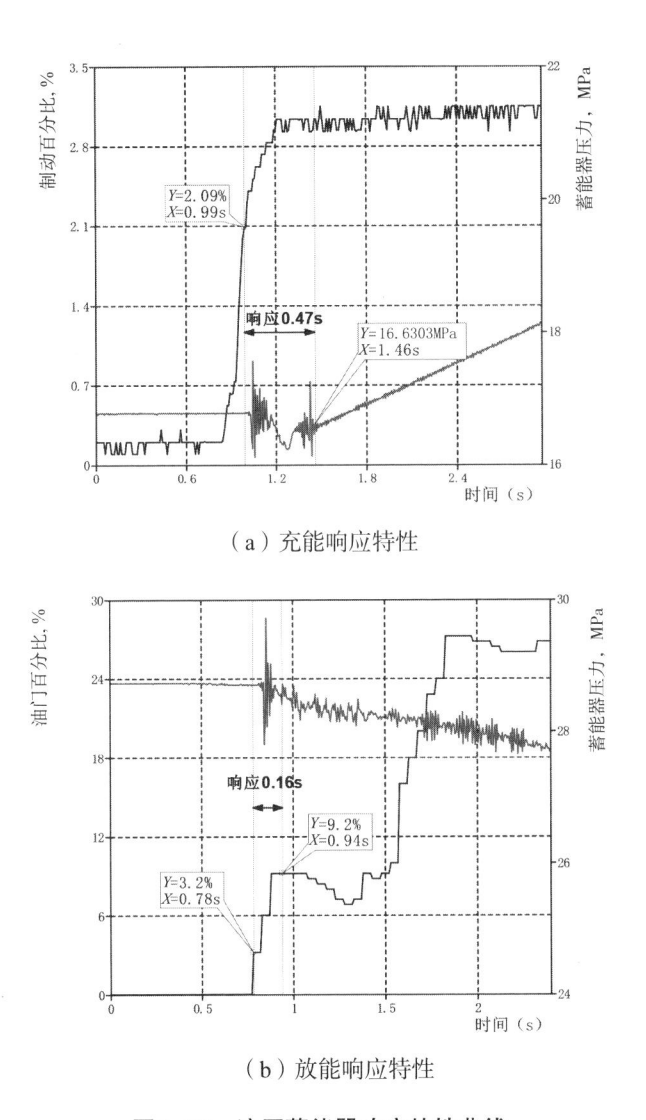

(a) 充能响应特性

(b) 放能响应特性

图6-10 液压蓄能器响应特性曲线

6.3.1.4 系统噪声特性

测试系统的充放能噪声，考察其是否满足要求。对液压混合动力起重机进行主动充能和放能实验，利用噪声传感器和Dewetron采集仪进行噪声测试。分别在起重机左右两侧进行测试。左、右侧噪音测试试验结果分别如图6-11（a）（b）所示。

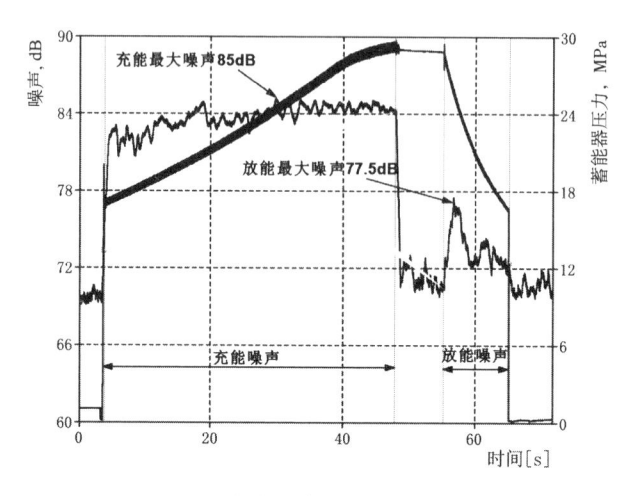

（a）左侧噪声特性

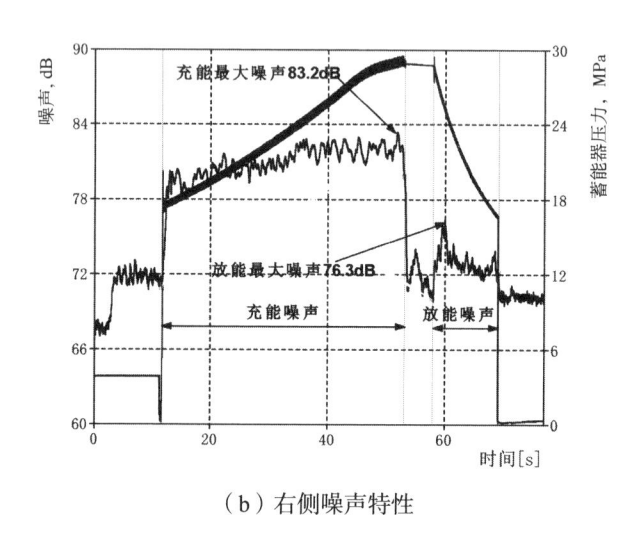

（b）右侧噪声特性

图6-11 系统噪声特性曲线

从试验结果可以看出，液压混合动力起重机的左、右两侧噪声特性相差不大，在充能时，随着液压蓄能器的压力升高，系统噪声也随之增大，但噪声增幅没有压力增幅大；在放能时，随着蓄能器压力的下降，系统的噪声也随之降低，但压力的降幅与噪声的降幅比较接近。总体上，左侧噪声比右侧噪声略高，充能噪声要大于放能噪声。左侧充能噪声最大值85 dB，放能噪声最大值77.5 dB，右侧充能噪声最大值83.2 dB，放能噪声最大值76.3 dB，无论左侧噪声值还是右侧噪声值均符合要求。

6.3.2 制动性能测试与分析

在研究前置并联式液压混合动力起重机（FPHHC）的制动性能时，在制动安全性的前提下，不仅要考察液压辅助制动特性，即制动距离和平均制动减速度是否达到要求，还要考察制动能量回收效率。因此，为了分析FPHHC制动能量回收系统对整机的制动性能的影响，对FPHHC制动性能进行测试与分析是十分有必要的。

6.3.2.1 液压辅助制动系统制动特性

为了研究FPHHC液压辅助制动系统的制动特性，需要测试其辅助制动效果。本书分别对传统起重机（CONC）和FPHHC试验样机进行测试，首先使FPHHC试验样机进行制动测试，FPHHC以30 km/h的初速度开始制动，然后给伺服阀信号，使液压二次元件达到特定排量，此时，仅由混合动力系统进行制动，减速至起重机静止；然后再对CONC试验样机进行空挡滑行测试，为了进行有效对比，CONC同样加速到30 km/h，使CONC空挡滑行直至停止。为了简化计算，将减速过程等效为匀减速过程，分别对两种工况的测试数据进行统计分析，由减速度公式 $v_t = v_0 - at$，可得减速度计算公式如式（6.1）所示，

$$a = \frac{v_0 - v_t}{t} \quad (6.1)$$

式中：v_0 为制动初速度，m/s；v_0 为制动终速度，m/s；a 为减速度，m/s^2；t 为制动时间，s。

辅助制动的减速度大约为0.25 m/s^2，空挡滑行的加速度大约为0.07 m/s^2，前者是后者的3.5倍左右。由此可见，混合动力系统具有明显的辅助制动能力。如果FPHHC和CONC试验样机均以30 km/h的初速度开始制动，减

速到相同的制动终了速度，FPHHC的辅助制动所用的制动时间会明显小于CONC的空挡滑行所用时间，由此可知，FPHHC混合动力系统具有一定的辅助制动能力。

制动频次与强度在一定程度上反映液压混合动力起重机的制动效果，以及对制动系统的损耗程度。制动效果测试要保证实验条件一致，在相同时段、相同路段城市工况进行测试时，应采用多组测试并对二者制动踏板百分比进行数据统计。

通过统计制动踏板的角度百分比，比较传统起重机与前置并联式液压混合动力起重机（FPHHC）的制动器使用状况。得到CONC与FPHHC制动分布情况如图6-12所示。从制动分布统计结果可以看出，FPHHC的制动百分比在10%以下的占总制动次数的86.319%，10%-20%的占10.188%，20%以上的占3.493%。而CONC制动百分比在10%以下的占总制动次数的52.243%，10%-20%的占46.461%，20%以上的占1.296%。CONC的制动百分比在10%以下和10%-20%之间的制动次数基本相等，而FPHHC的制动百分比绝大部分在10%以下，通过对比结果可知，FPHHC的制动能量回收系统能有效地提升起重机的制动效果，同时也大大降低了降低了机械摩擦制动器的磨损程度。

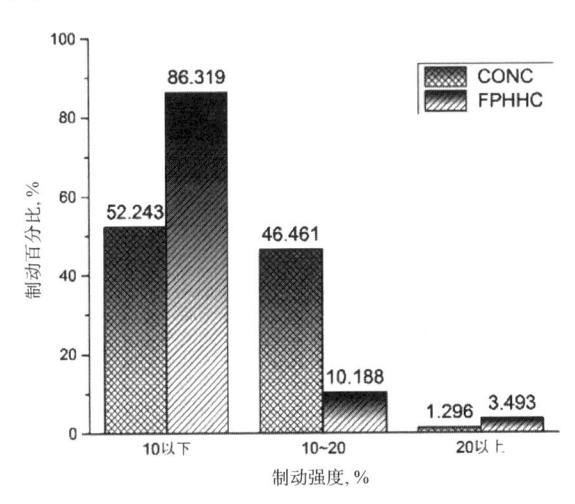

图6-12 CONC与FPHHC制动分布对比图

第6章 液压混合动力起重机试验研究

为了对比FPHHC和CONC的制动效果，分别测试二者在制动过程中的速度、距离、蓄能器压力等信号后进行了整理，计算各自的制动减速度，其中平均制动减速度公式如式（5.4）所示，可计算混合动力系统对整车制动能力的提升效果。CONC与FPHHC制动减速度对比如表6-4所示，从表中可以看出，CONC系统运行工况下的制动减速度均值（MFDD）为4.7905，而FPHHC混合动力系统运行工况下的制动减速度均值为5.1293，液压混合动力系统使起重机的制动减速度提升了大概7%以上，由此可见，混合动力系统可以提升整车的制动性能。

表6-4 CONC与FPHHC制动减速度对比

规定初速度V, km/h	实测初速度V_0, km/h	制动时间 t, s	S_b=（u_0到V_b经过的距离）	S_e=（u_0到V_e经过的距离）	实测制动距离 Ls, m	V_b =0.8u_0	V_e =0.1V_0	修正后制动距离 Lx, m	制动减速度 a, m/s²
\multicolumn{10}{c}{CONC系统运行工况}									
30	31.1	2.499	6.9	11.9	12	24.88	3.11	–	4.7017
30	30.4	2.195	6.8	11.5	11.5	24.32	3.04	–	4.7792
30	31.4	2.145	6.6	11.5	11.5	25.12	3.14	–	4.8907
平均值					11.667			平均值	4.7905
\multicolumn{10}{c}{FPHHC系统运行工况}									
30	31.5	2.181	6.6	11.6	11.7	25.2	3.15	10.612	4.8234
30	31.5	2.13	7	11.6	11.6	25.2	3.15	10.522	5.2429
30	30.9	2.053	6.1	10.5	10.6	24.72	3.09	9.9915	5.2744
30	31.3	2.074	6.5	11.1	11.2	25.04	3.13	10.289	5.1765
平均值					11.275			平均值	5.1293
提升率					3.36%			提升率	7.07%

CONC与FPHHC的制动情况如图6-13所示，从图中试验曲线可以看出，CONC与FPHHC系统在制动踏板百分比相同的条件下，均以30 km/h的初速度开始制动，减速至车辆静止。由于FPHHC混合动力系统能够提供有效的液压辅助制动转矩，与CONC相比，FPHHC混合动力系统的制动减速度更大，制动效果提升显著。因此，在相同的制动强度下，FPHHC混合动力系统可以在更短的时间内使起重机停止。

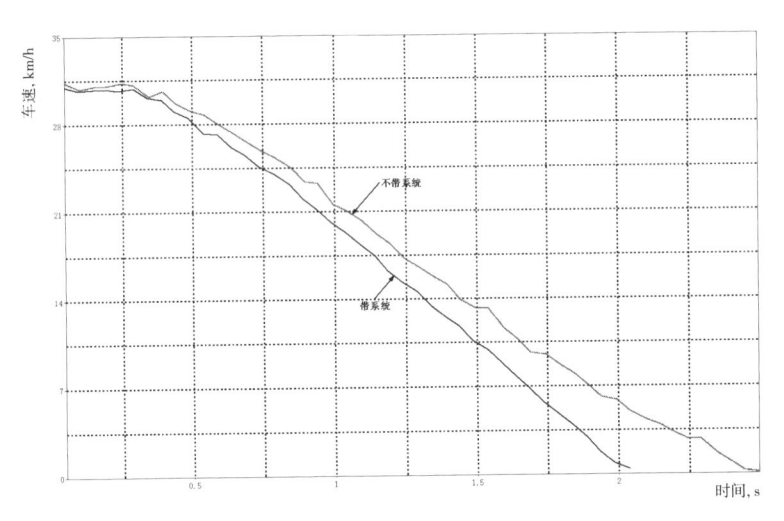

图6-13　CONC与FPHHC从30 km/h～0 km/h制动时间对比图

6.3.2.2 制动能量回收效率测试

制动能量回收效率是反映起重机节能特性的一个重要参数。FPHHC制动能量回收效率如式（5.7）-（5.9）所示。测试制动时用液压制动回收能量，评价能量回收效率。首先让起重机分别加速到14.15 km/h、15.87 km/h、15.61 km/h，然后用液压系统制动，分别给电磁阀a400 mA、a500 mA、a600 mA电流，观察蓄能器压力变化情况。

图6-14（a）是电流400 mA，液压混合动力起重机加速到14.149 km/h开始制动，速度到2.463 km/h时，制动结束，制动时间大概是14.3 s（起始时间以蓄能器压力开始上升为依据，终止时间以充放能开关关闭为依据），蓄

能器压力上升到8.504 MPa（预充气压力为6.5 MPa）。经计算，液压混合动力起重机实验样车的能量再生效率为37.4%。

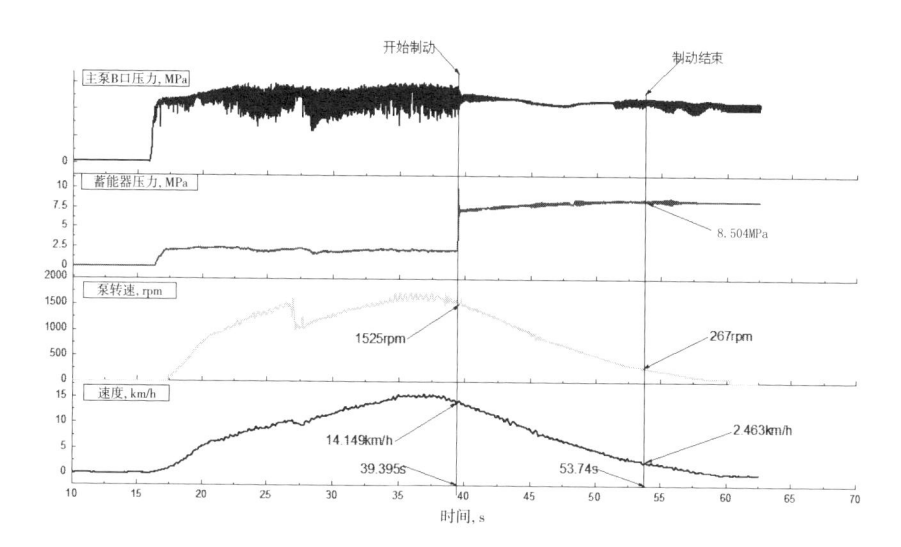

（a）电流400mA时的制动能量回收情况

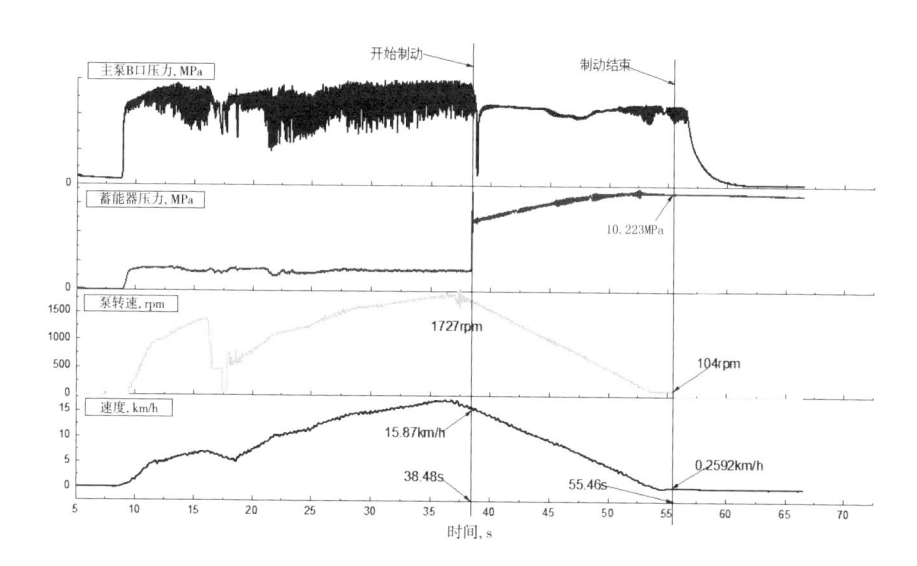

（b）电流500mA时的制动能量回收情况

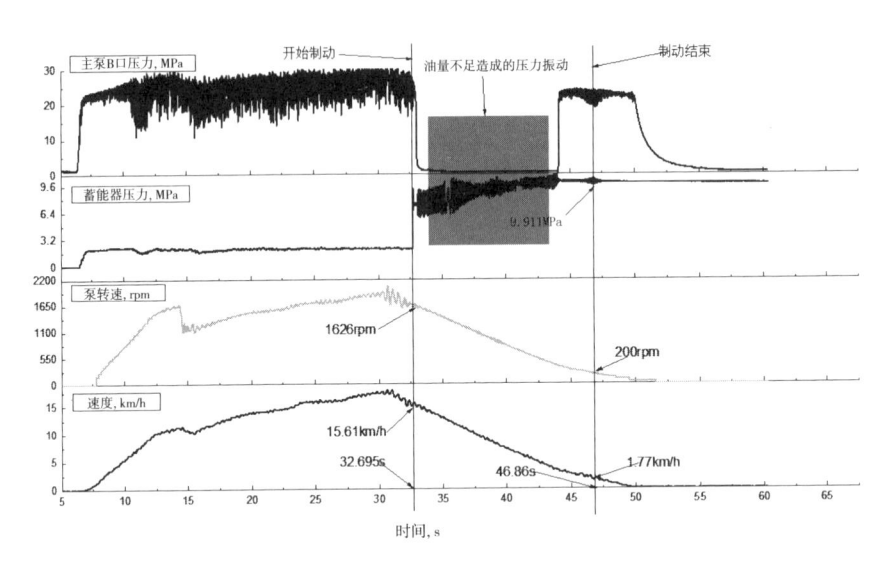

(c)电流600mA时的制动能量回收情况

图6-14 能量回收效率测试曲线

图6-14(b)展示了在电流为500 mA的情况下,液压混合动力起重机从加速至15.87 km/h后开始制动,直到速度降至0.2592 km/h时制动结束,整个过程持续约16.98 s。在此期间,蓄能器的压力上升至10.223 MPa(充气压力为6.5 MPa)。通过计算,液压混合动力起重机实验样车的能量回收效率为51.1%。

图6-14(c)是电流600 mA,起重机加速到15.61 km/h开始制动,到速度1.77 km/h制动结束,制动时间大概14.165 s,但由于系统补油不足,蓄能器压力只上升到9.911 MPa(充气压力为6.5 MPa)。通过计算,液压混合动力起重机实验样车的能量回收效率为49.4%。

可见,随着液压二次元件伺服阀电流的增大,即二次元件的排量的增大,能量再生系统可以高效地回收混合动力起重机的制动过程中所损耗的能量,并且制动能量回收率会随伺服阀电流的增大而增大。但要注意排量增大的同时,供油量要充足,避免因油量不足而造成的压力振动。

6.3.3 动力性能测试与分析

6.3.3.1 液压系统驱动（主动充能）

为了验证混合动力起重机液压辅助动力系统的驱动能力，在主动充能之后，对液压辅助动力系统驱动能力进行测试。主动充能30 MPa后驱动曲线如图6-15所示，首先使起重机在原地先给蓄能器进行主动充能，充到接近30 MPa，然后，发动机保持怠速，取力器关，挂3挡，由液压辅助动力系统单独驱动。实验结果如图6-15所示，从实验曲线可以看出，在液压系统单独驱动起重机的情况下可以行驶78.3 m。

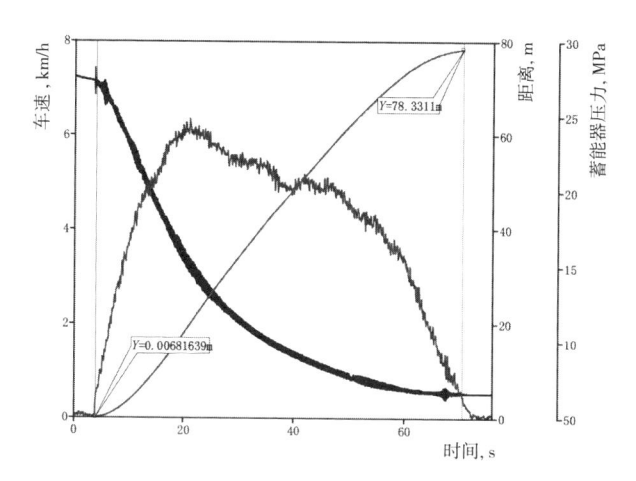

图6-15　主动充能30 Mpa后驱动曲线

FPHHC原地起车试验V挡起车曲线如图6-16所示。起重机在原地给蓄能器充能，发动机怠速，取力器关，充能到16 MPa，然后挂不同的挡，蓄能器开关开，给马达占空比55%，看能否起车。经实验可以看出，FPHHC的发动机转速波动平稳，在有混合动力系统参与的情况下可以在V挡起车，而CONC的发动机却不能在V挡起车，因此FPHHC的发动机动力性能较CONC的有较大提高。

为了测试液压混合动力起重机主动充能后的驱动效果，首先将蓄能器压力主动充能到20 MPa；然后开始放能，只用液压系统驱动，补油泵关，充放能开关开，给电磁阀b500 mA电流，观察驱动效果。如图6-17所示，从蓄能器压力为20 MPa开始驱动，到蓄能器压力8.672 MPa驱动结束，驱动时间为37.66 s，驱动距离为41.48 m，驱动过程中泵的最高转速为790 rpm，最大车速为5.426 km/h。

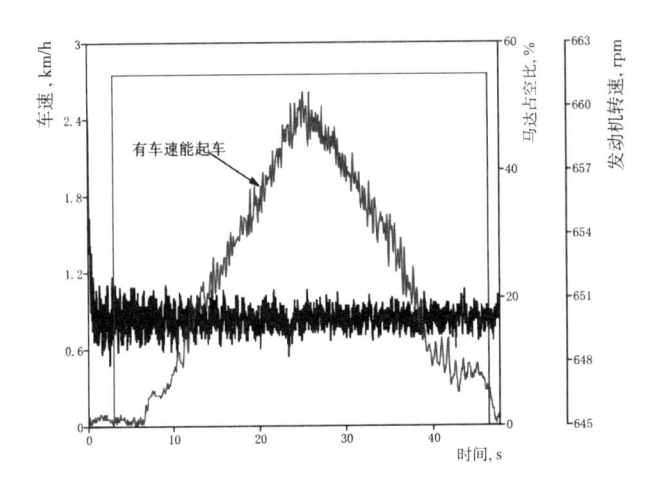

图6-16 FPHHCV挡起车曲线

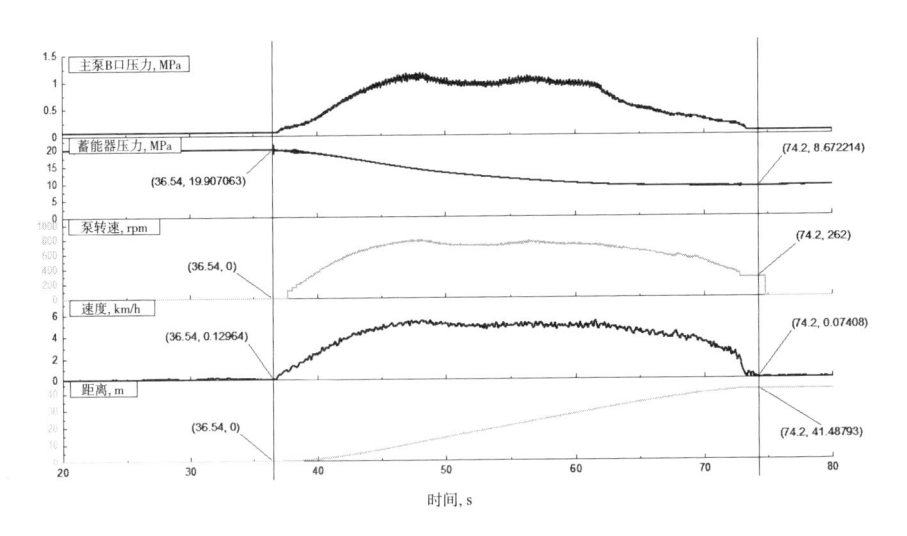

图6-17 主动充能20 MPa后驱动曲线

第6章　液压混合动力起重机试验研究

为了验证能量回收与利用整体的效果，先使液压蓄能器主动充能到16 MPa，之后起重机加速到15.74 km/h，用液压系统制动，制动完成后再用液压系统驱动，观察制动回收和驱动效果。如图6-18所示，从蓄能器压力10.076 MPa开始主动充能，到压力17.146 MPa主动充能结束，充能时间为30.84 s，之后起重机加速到15.74 km/h开始制动，到速度1.796 km/h制动结束，制动时间为8.95 s，制动距离为22.41 m，蓄能器压力上升到24.772 MPa，经计算得混合动力起重机制动能量回收率为66.01%；随后，从蓄能器压力22.339 MPa开始驱动（蓄能器压力下降约2.4 MPa），直到压力降至10.866 MPa时驱动结束，整个驱动过程持续26.98 s，驱动距离为34.6 m，在此过程中，泵的最高转速为660 rpm，最大车速为6.2 km/h。

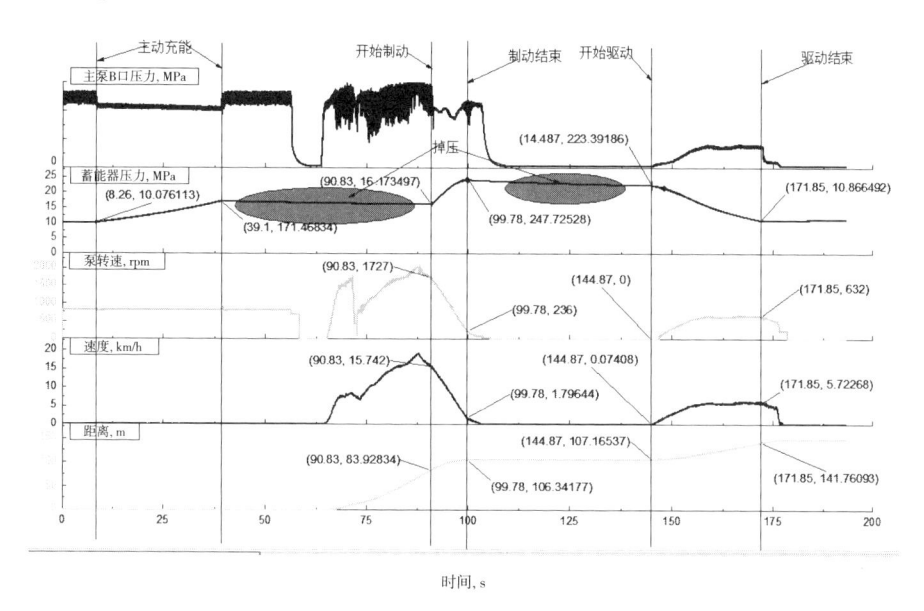

图6-18　充到16 MPa制动之后驱动

6.3.3.2 起步加速能力

为了测试在加速过程中FPHHC相对于CONC的动力性能提升效果，在加速踏板角度相同的前提下，分别测试FPHHC与CONC从零加速至60 km/h

过程中的车辆的各个参数并进行了整理和分析,求出其加速度,进而算出动力性能的提升幅度。试验结果如图6-19和表6-5所示。从图6-19可以看出,FPHHC在混合动力系统的辅助下,FPHHC比CONC动力性能的增强,从静止加速至60 km/h的目标车速所用时间较CONC系统驱动所用的时间明显减少。从表6-5中可以综合看出,在FPHHC从0加速到60 km/h的过程中,在混合动力系统的辅助下,车辆利用更短的时间(减少了11.74%)和距离(减少了8.89%)达到了目标车速60 km/h,并且车辆的油耗(降低了6.24%)也较CONC系统驱动时低,通过计算得到的加速度更能直观地表明FPHHC动力性能的提升。

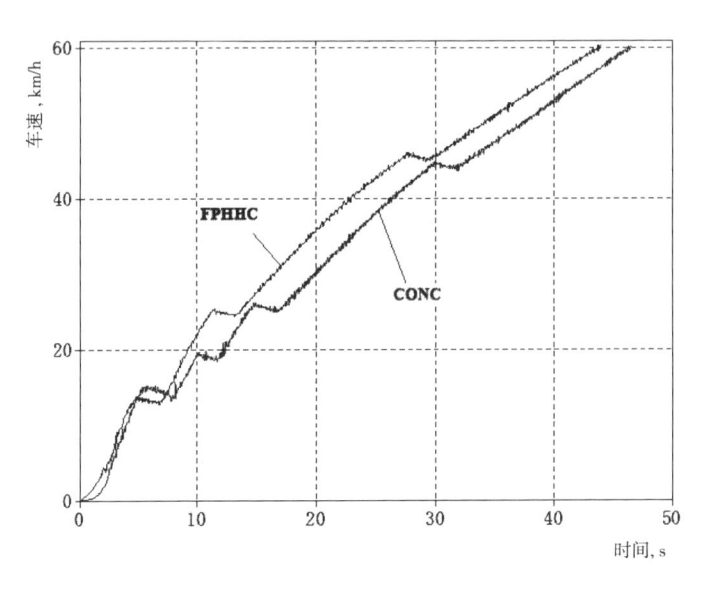

图6-19 FPHHC与CONC 0~60 km/h速度曲线

表6-5　CONC与FPHHC驱动测试下车辆动力性能参数（节选）

名称	时间 t, s	距离 S, m	最大速度 V_{max}, km/h	燃油消耗, L	加速度, m/s^2
CONC系统运行工况					
测试值	46.377	463.8	60.9	0.646	0.3648
	45.88	441.1	60.0	0.629	0.3633
	47.124	446.4	60.8	0.642	0.3584
	47.291	448.8	60.4	0.633	0.3548
	50.155	495.5	60.2	0.654	0.3334
平均值A_1:	47.365	459.1	60.5	0.641	0.3549
FPHHC系统运行工况					
测试值	42.063	411.0	60.1	0.606	0.3969
	45.599	449.7	59.6	0.629	0.3631
	40.274	400.9	60.1	0.592	0.4145
	42.562	426.9	60.2	0.606	0.3929
	38.526	402.8	59.8	0.573	0.4312
平均值A_2:	41.805	418.3	60.0	0.601	0.3997
$\Delta = A_1 - A_2$:	5.560	40.8	0.5	0.040	−0.0448
$\eta = \dfrac{\Delta}{A_1} \times 100\%$:	11.74%	8.89%	0.83%	6.24%	−12.62%

6.3.3.3 爬坡能力测试

爬坡能力也是起重机动力性能的一个主要指标。由于专业的测试大坡道很难找到，所以，采用间接测试法测试车辆的爬坡性能，选用的测试路面坡度为2.8%，通过比较车辆在相同坡度下爬坡的最大挡位，可以确定车辆的爬坡性能。如图6-20、6-21所示，以相同的油门踏板百分比，在同一实验坡度下进行爬坡，在液压辅助动力系统的帮助下FPHHC发动机转速在上升一段时间之后才开始下降，可以用Ⅷ挡进行爬坡；而CONC发动机的转速一直在下降，不能用Ⅷ挡进行爬坡。由此可见，FPHHC实验样车在混合动力系统的辅助下动力性能较CONC有明显提升。

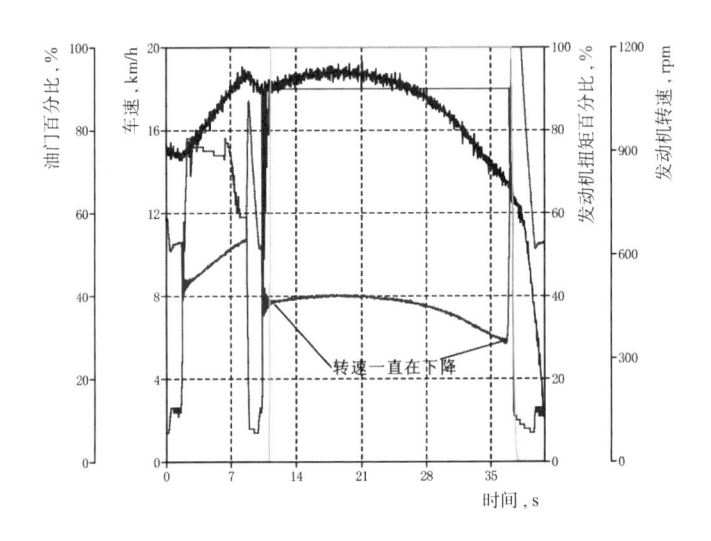

图6-20　CONC Ⅷ挡爬坡

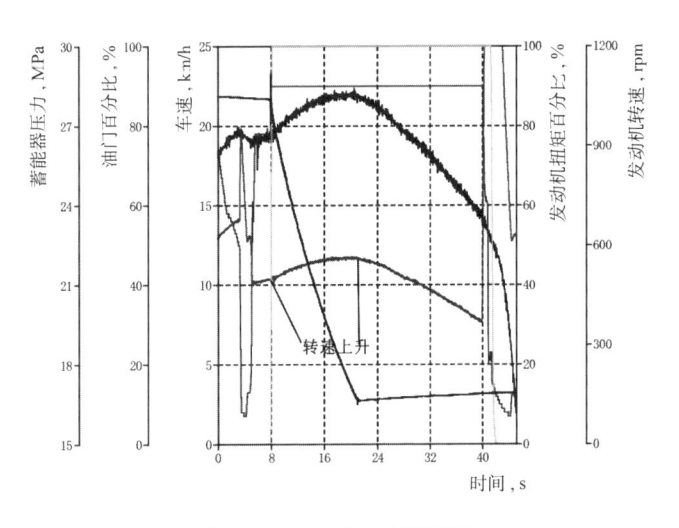

图6-21　FPHHC Ⅷ挡爬坡

第6章 液压混合动力起重机试验研究

按式（6.2）分别计算出CONC系统下运行和FPHHC系统下运行时爬坡挡对应的爬坡度，即

$$\alpha_{equ} = \arcsin(\frac{G_{act} \cdot i_{g\text{-}gra} \cdot T_{gra}\%}{G_{des} \cdot i_{act} \cdot T_{act}\%} \cdot \sin\alpha_{act}) \qquad (6.2)$$

式中：α_{equ} 为等效爬坡度(°)；α_{act} 为实际坡度(°)；G_{act} 为起重机实际质量(kg)；G_{des} 为起重机设计质量(kg)；$i_{g\text{-}gra}$ 为爬坡挡位速比；i_{act} 为实际速比；T_{gra} 为爬坡状态发动机的转矩百分比(%)；T_{act} 为实际发动机的转矩百分比(%)。

等效坡度计算结果如表6-6所示。从表中的计算结果可以看出，CONC系统的等效坡度为36.84%，FPHHC系统的等效坡度为44.50%，FPHHC系统等效坡度比CONC系统的等效坡度提升了20.8%。由此可见，在液压混合动力系统的辅助下，FPHHC系统的爬坡能力得到了显著的提高。

表6-6　FPHHC与CONC等效坡度对比

系统运行工况	实际角度，°	实际坡度，%	等效角度，°	等效坡度，%
CONC	1.6	2.8%	20.2	36.84%
FPHHC	1.6	2.8%	23.9	44.50%
提升率，%				20.80%

6.3.4 节油效果测试与分析

燃油经济性是评价车辆性能的一项重要指标。由于节约燃料与环保已成为全世界关注的重大事件，液压混合动力起重机的燃油经济性的好坏，不仅影响起重机的使用费用，而且影响发动机的排放性能，进而对环境造成影响。在传统起重机的动力系统中加入液压混合动力系统的目的就是为了降低起重机的燃油消耗率，提高燃油经济性，进而减少排放对环境造成的影响。

分别对CONC系统和FPHHC系统进行循环工况及三工况跑车实验测试。观察并记录测试过程中的各项参数。通过与CONC油耗和燃油消耗率对比来评价FPHHC的节油效果。FPHHC与CONC燃油消耗实验曲线如图6-22所示。由图中可以看出，在相同的循环工况下，FPHHC系统与CONC

系统的速度曲线总体相近，只是在车辆起步和速度较高时区别较为明显，FPHHC系统的速度要高于CONC系统的速度，尤其是在起步阶段，这是由于液压混合动力系统一直在帮助发动机驱动起重机，而将近中段时蓄能器内能量基本释放完毕，之后经过制动，回收部分制动能量之后，液压混合动力又辅助发动机驱动起重机，所以在末段，FPHHC系统的速度又高于CONC系统；而燃油消耗在起步时较为相近，但在总体上差别较大，FPHHC系统的燃油消耗普遍低于CONC系统的燃油消耗。因此，在相同工况下，在液压混合动力系统的辅助下，FPHHC系统是可以节油的，尤其是在制动较为频繁的工况下，液压混合动力系统回收制动能量较多，起重机的燃油经济性将更为可观。

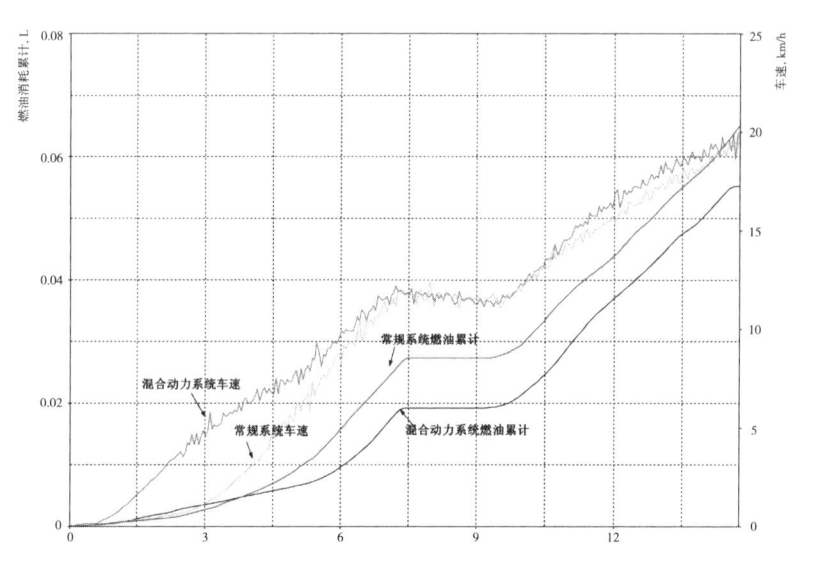

图6-22　FPHHC与CONC燃油消耗对比

通过对FPHHC系统和CONC系统进行多次循环工况的测试，通过油耗记录仪测量和记录起重机的燃油消耗量。FPHHC系统和CONC系统的平均燃油消耗量如图6-23所示，利用公式（5.13），有

$$FEI = \frac{FC_{\text{CONC}} - FC_{\text{FPHHC}}}{FC_{\text{CONC}}} \times 100\%$$

$$=\frac{0.18575-0.15292}{0.18575}\times100\%=17.672\% \quad (6.3)$$

计算得到FPHHC系统的燃油经济性指标为17.672%。由此可见，在液压混合动力系统的辅助下，FPHHC系统可以有效地降低整车油耗，尤其是在制动较为频繁的工况下，车辆的燃油经济性较为可观，这与仿真结果基本上是一致的。

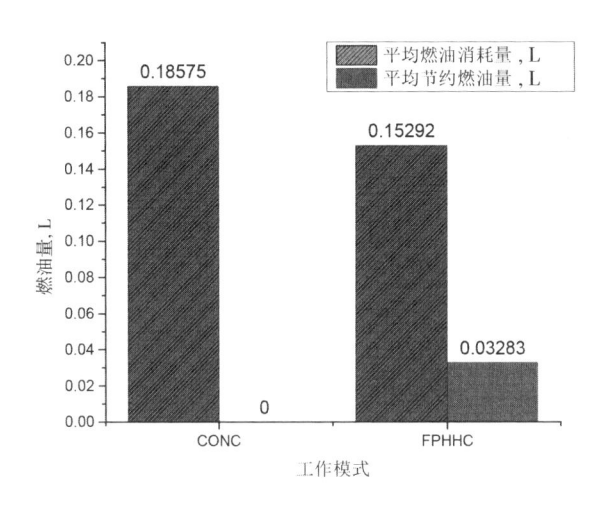

图6-23 CONC与FPHHC循环工况下平均燃油消耗及节约油量对比

6.3.5 缓冲效果测试与分析

车辆的平顺性能可以反映驾驶的舒适性，它同样是车辆性能好坏的一项重要指标。为了避免由于混合动力系统的突然介入对起重机造成较大的冲击，在前面的控制策略中，设置了许多缓冲系数，为了验证缓冲效果，分别对CONC和FPHHC系统进行了测试。测试过程中，在同一路段上，使混合动力起重机实验样机分别在CONC和FPHHC系统下以相同的加速踏板百分比，从静止匀加速至30 km/h的速度，利用陀螺仪采集起重机的速度与加速度。通过数据处理，结果如图6-24所示。从图中可见，FPHHC系统的车速和加速度相对于CONC系统的高一些，于是FPHHC系统与CONC系统相比可以在更短的时间内达到30 km/h的车速。在整个行驶过程中，汽车起重机加速度的变化规律与速度的变化规律相匹配，CONC系统与FPHHC系统的加速度的差值最大处为0.0565 m/s²，数量较小，FPHHC和CONC的冲击差不多，驾驶舒适度基本一致。由此可见，在控制策略中加入缓冲系数可以有效地减少由于液压混合动力系统的介入而造成的冲击，测试结果验证了仿真结果的正确性。

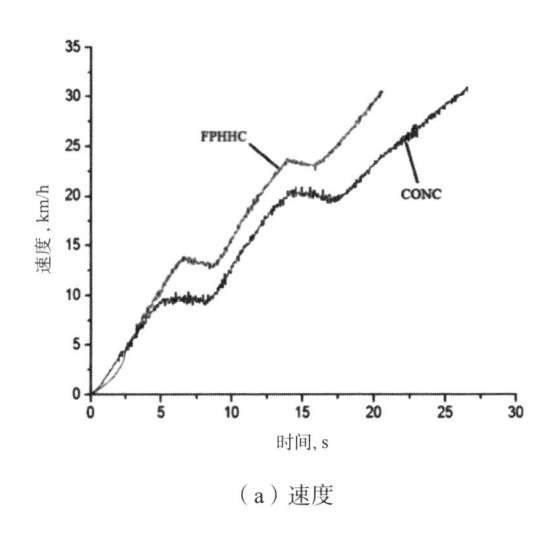

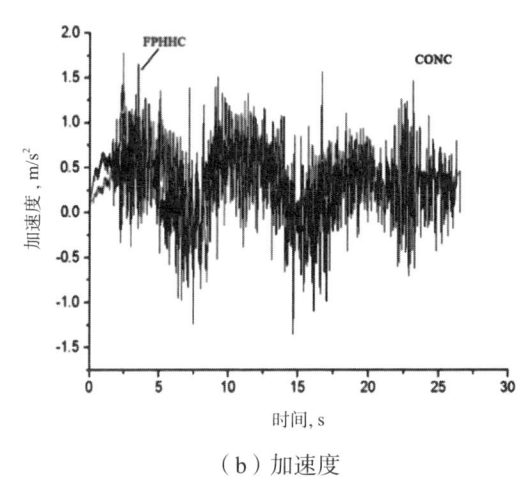

（a）速度

（b）加速度

图6-24 CONC与FPHHC速度与加速度对比

6.3.6 主系统能量利用及损失分析

通过试验发现系统在充能与放能过程中由于阀体泄露及卸荷压力较高等原因，能量损失较大，是下一步节能优化方向之一。以下取常用工况，对单次能量回收及利用过程能量损失进行分析。

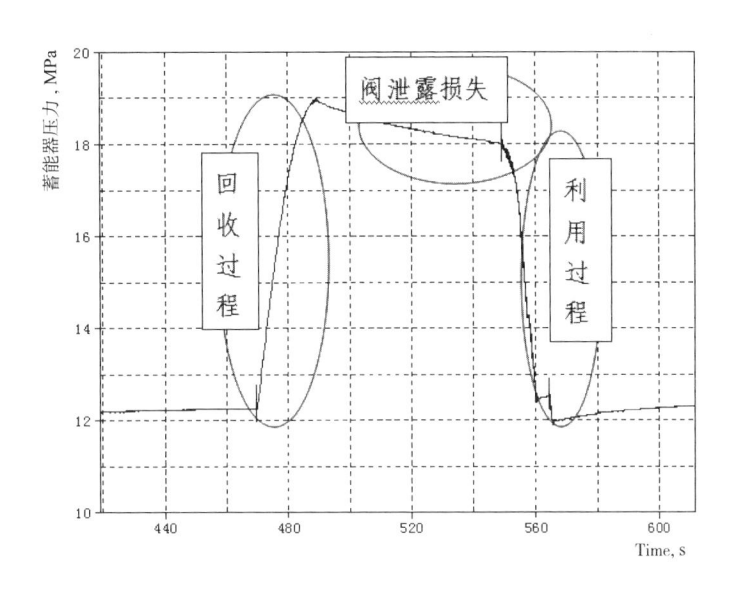

图6-25 能量回收、利用及损失过程

在充能过程中，蓄能器压力从11.914 MPa上升到18.541 MPa，到再次释放前时压力掉到17.703 MPa，属于阀体泄露损失。在放能的过程中，A10出口压力不能完全卸荷，存在3 MPa左右压力，相当于系统负载运行所带来的能量损失。

利用AMESim仿真模型及实际数据计算系统充能后泄露损失的能量，充能惯量49，转速1000 rpm，损失时惯量5.5，损失的能量如图6-26所示。

Flexpro软件计算A10补油泵损失的能量如图6-26所示。

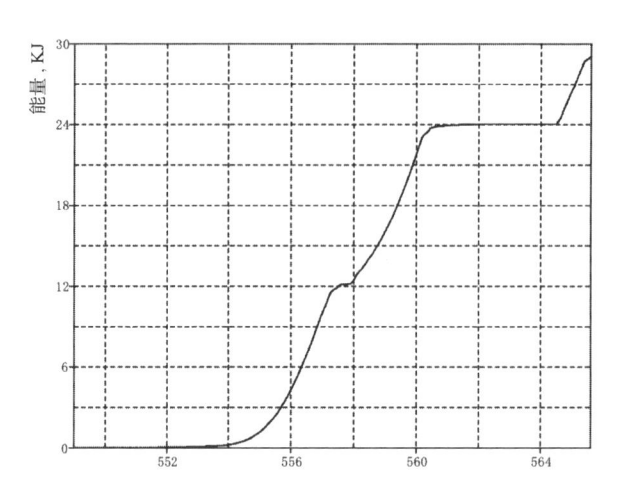

图6-26 放能过程能量损失

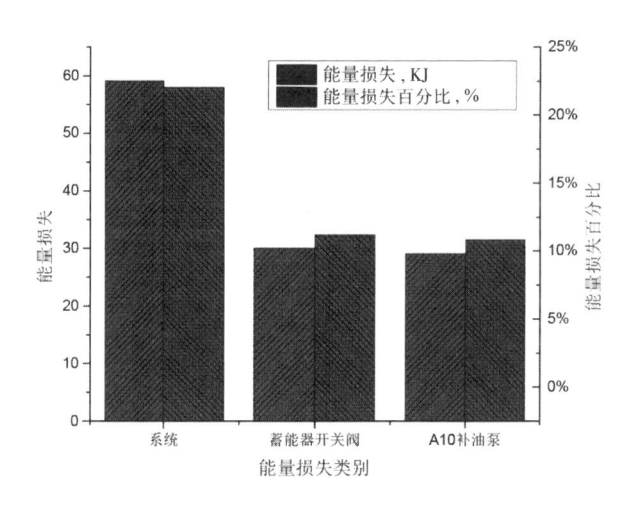

图6-27 充放/能过程各部分能量损失及百分比

系统一次刹车过程中所存储的总能量为268.376 kJ，通过计算各部分的能量损失结果可以看出，系统总损失的能量为59.159 kJ，占总损失能量的22.04%，其中，蓄能器开关阀泄露损失的能量为30.083 kJ，占总损失能量的11.21%；A10补油泵在放能过程中损失的能量29.076 kJ，占总损失能量的

10.83%。

6.4 本章小结

结合相关理论分析和仿真研究，本书研制了混合动力系统关闭即与传统起重机系统（CONC）相似的前置并联式液压混合动力起重机（FPHHC）实验样机。为了形成对比，设计了FPHHC系统与CONC系统典型工况实验测试，分别就制动性能、动力性能与节油效果进行了实际测试与分析，通过两个系统的对比分析可知，在制动过程中，FPHHC系统可以有效地回收和利用车辆的制能量，在液压混合动力系统的辅助下，FPHHC系统无论是在动力性能、制动性能还是节油效果上均较CONC系统有明显的提升；同时，通过系统响应、噪声及缓冲效果测试可知，FPHHC系统的系统响应时间较短，左右两侧噪音都不是很大，通过控制策略设置的缓冲系数，极大地降低了模式切换时的冲击效果，所以混合动力系统的加入对系统的响应时间、噪音及冲击影响较小，均在可接受的范围之内。因此，通过对前置并联式液压混合动力起重机试验样机的实验测试与分析，并与理论、仿真分析进行比对，验证了控制策略的正确性，为后续的研究打下了重要的基础。同时在试验中发现在能量的回收与利用过程中，由于部分部件存在泄漏造成系统能量存在一定的损失，在下一步的工作中要进行优化处理，尽量减少由于泄漏造成系统能量的损失，提高能量的回收与利用效率。

第7章 总结与展望

7.1 总结

在全球经济快速发展的态势下，工程机械行业也得到了极大的推进，工程机械的重要分支——汽车起重机，具有巨大的发展潜力，越来越受到市场的青睐。然而，能源与环境问题制约着汽车起重机的发展，而研发液压混合动力技术是解决此类问题、实现节能减排的有效途径之一，但我国汽车起重机液压混合动力技术起步较晚，核心技术仍需从国外引进，极大地制约了汽车起重机的产业化进程。本书在校企合作项目——"起重机底盘液压混合动力系统开发"的资助下，针对传统汽车起重机装机功率大、整车质量重、启动制动频繁等特点，采用液压混合动力技术针对前置并联式液压混合动力起重机（FPHHC）的底盘进行研究。主要研究内容包括：

首先针对混合动力起重机的相关研究现状进行分析，详细阐述了并联式液压混合动力起重机混合动力系统的组成及工作原理，从完整系统的角度建立了液压混合动力起重机整车模型，主要包括整车纵向动力学模型、车轮模型、驾驶员模型、发动机模型、液压泵马达模型、蓄能器模型、转矩耦合器模型以及整车控制的理论模型，为仿真及匹配分析打下了基础；提出了改进多目标粒子群算法（IMOPSO），对动力系统关键部件，如发动机功率、液压蓄能器、液压泵/马达以及转矩耦合器进行了参数优化匹配，在减少装机成本的同时最大限度地提高了液压混合动力起重机的整机性能与工作效率；在分析整车行驶模式的基础上，充分考虑了驾乘人员舒适性、驾驶员操作感受及习惯等问题，制定了主动充能控制策略与FPHHC系统的制动能量再生与利用策略；根据理论分析，利用AMESim专业软件构建了FPHHC系统以及CONC系统的动态仿真模型，结合混合动力车辆性能评价指标对FPHHC系统的制动效能、燃油经济性以及平顺性进行了仿真分析。仿真结果表明，FPHHC系统能有效地回收和利用制动能量，与CONC系统相比，FPHHC系统制动效能、动力性能以及燃油经济性都有明显的提高，并且由于在控制策略中设置了许多的缓冲系数，FPHHC系统的平顺性指标得到了很大的改善，为以后产品的快速设计开发提供了技术支撑；为了验证理论分析和仿真分析正确性，在国产某型号传统起重机（CONC）的基础上，开发了前置并联式液压混合动力起重机试验样机，并设计了该系统性能测试方案，分别对制动性能、动力性能、节油效果与缓冲效果进行实验测试与分析。测试表明，FPHHC系统响应迅速，噪声较低，能够满足要求，与CONC系统相比，制动减速度提升了7%以上，制动能量回收率随着电池阀电流的增加而增加，最高能量再生效率为51.1%，加速度提高了12.62%，爬坡度提升了20.8%，

节油效果以及缓冲效果均比较明显。因此，试验结果验证了前面相关理论研究及仿真分析的正确性，同时，对在实验中发现的液压混合动力系统泄漏现象进行了分析与研究，为下一步的节能优化打下基础。

7.2 创新点

1. 本书提出了前置双轴式并联结构并成功应用于实验样机上，通过实验验证，该构型能较大幅度地提升起重机的动力性能以及燃油经济性；通过设置不同的控制系数，较好地解决了前置式并联式混合动力结构的制动效能及平顺性等问题。

2. 针对参数优化匹配过程中设计变量与约束条件之间复杂的对应关系问题，定义了动力系统的优化目标函数，并在多目标粒子群算法（MOPSO）的基础上，提出了一种改进的多目标粒子群算法（IMOPSO），以增强全局搜索能力。利用IMOPSO算法对液压混合动力系统关键元件参数进行了优化设计与匹配，为关键元部件选型提供了重要参考依据。

3. 通过对整机行驶模式的分析，制定了整机行驶工况下制动能量再

生、利用与主动充能控制策略。采用分数阶PID控制液压二次元件的转矩，提高了FPHHC混合动力系统转矩控制对参数大范围摄动的鲁棒性；仿真和实验结果表明，采用分数阶PID控制液压泵/马达转速控制系统在等效转动惯量大幅改变后控制特性保持稳定，效果优于智能PID控制，具有一定的创新性及较大的工程应用价值。

4. 建立了前置并联式液压混合动力起重机系统的数学模型以及AMESim仿真模型，对该系统进行了行驶工况的仿真，分析了系统主要元件的参数对系统性能的影响，结合能量回收与控制策略对系统性能进行了评估与预测，缩短了样机开发时间，节约了成本。并通过实验验证了仿真模型和相应控制策略的正确性，为后续的工作打下了良好的基础。

7.3 展望

本书虽然针对并联式液压混合动力起重机进行了大量的研究工作，同时取得了一定研究成果，然而，由于时间关系、现有研究条件以及作者本人的知识水平的宽度和深度有限，本书仍有许多内容有待完善和改进。

本课题在以下几方面尚需做进一步研究：

1. 增加上车能量回收系统，使液压混合动力起重机再生能量最大化。

2. 增加发动机启停系统的技术研究；由于实验室对液压混合动力发动机启停系统测试技术有限，因此这方面有待于进一步调整开展研究。

3. 针对仅依靠驾驶员操作和偶然性较大的路面测试，测试工况难以精确再现，对各种特性很难严格对比的问题，开发半实物仿真台架，精确模拟和再现各种工况，同时便于进行优化匹配对比实验以及发动机能量管理控制策略等开发工作。

4. 液压节能汽车的制动系统是整车安全性能的可靠保障，电子控制单元封装工艺、系统元件的可靠性等问题是下一步研究的重点。

参考文献

[1] 袁锐. 新能源车主体能源选择成重中之重[N]. 经济参考报, 2019-03-21：A08.

[2] 张孟月. "车能路云"融合发展新业态[J]. 科技与金融, 2024（C1）：1-2.

[3] 郑宁来. 2035年中国将占世界能源消费总量26%[J]. 炼油技术与工程, 2017（6）：31.

[4] 欧佩克预测今明两年全球石油需求将保持增长[N]. 人民日报, 2024-01-19: 15.

[5] 国务院. 节能与新能源汽车产业发展规划（2012—2020年）[J]. 地球, 2015（9）：13.

[6] 徐雯. 我国新能源汽车产业发展对策研究[J]. 经营管理者, 2017（14）：84.

[7] 史小丽. 混合动力电动汽车的动力系统简述[J]. 考试周刊, 2010（08）：159-160.

[8] 殷亦男. 新能源汽车的特点及发展[J]. 考试周刊, 2013（64）：196.

[9] 杨洪振. 混合动力汽车原理与发展趋势研究[J]. 山东工业技术, 2017（7）：245-246.

[10] 陈清泉, 孙逢春. 现代电动汽车技术[M]. 北京：北京理工大学出版社, 2002: 150-200.

[11] 魏英俊. 新型液压驱动混合动力运动型多用途车的研究[J]. 中国机械工程, 2006, 17（15）：1645-1648.

[12] 袁瑜. 简约不简单日立 ZW220HYB-5型混合动力轮式装载机[J]. 工程机械与维修, 2015（7）: 48-48.

[13] 徐晓美, 唐倩倩, 王哲. 混合动力装载机的研究现状及发展趋势[J]. 工程机械, 2012, 43（2）: 53-56.

[14] 王婧婷, 宋佳蔓. 卡特彼勒力推Cat336D2XE液压混合动力挖掘机[J]. 建设机械技术与管理, 2015, 28（09）: 40-41.

[15] 合力在第三届国际工程机械及专用车辆设计大赛中获多项殊荣[J]. 铁路采购与物流, 2015, 10（10）: 75.

[16] 山河智能SWE385ES型节能挖掘机[J]. 工程机械, 2016, 47（08）: 82.

[17] 叶明. 基于机械自动变速的轻度混合动力传动系统综合控制研究[D]. 重庆: 重庆大学, 2006: 4-6.

[18] 刘文杰, 邓建军. TEG6128SHEV串联式混合动力城市客车总体设计[J]. 客车技术与研究, 2009（1）: 26-27.

[19] 孙文华, 何小海. 镍氢电池应用于电动车之可行性分析[J]. 小型内燃机与摩托车, 2009（2）: 87-90.

[20] 陈小丹, 岳明玥, 马改, 周一丹. 混合动力汽车用锂离子动力电池技术进展[J]. 电源技术, 2016, 40（9）:1884-1887.

[21] 徐顺余, 高海鸥, 邱国茂, 高雪峰. 混合动力汽车车用镍氢动力电池分析[J]. 上海汽车, 2006（2）: 7-9.

[22] 马文青. 中国车用蓄电池行业发展探讨[J]. 汽车与配件, 2012（12）: 28-30.

[23] 宋永华, 阳岳希, 胡泽春. 电动汽车电池的现状及发展趋势[J]. 电网技术, 2011, 35（4）: 1-7.

[24] 张海波, 丁倩. 新能源汽车带动锂离子电池快速发展[J]. 汽车与配件, 2012（49）: 38-41.

[25] 曹宝健, 谢先宇, 魏学哲. 电动汽车锂电池管理系统故障诊断研究[J]. 上海汽车, 2012（12）: 8-12.

[26] 于远彬, 王庆年. 基于Advisor的仿真软件的二次开发及其在复合电源混合动力汽车上的应用[J]. 吉林大学学报（工）, 2005, 35（4）: 353-357.

[27] 张炳力, 赵韩, 张翔, 等. 超级电容在混合动力电动汽车中的应用[J]. 汽车工程学报, 2003（5）: 48-50.

[28] 储江伟, 张新宾. 飞轮储能系统关键技术分析及应用现状[J]. 能源工程, 2014（6）: 63-67.

[29] 周红凯, 谢振宇, 王晓. 车载飞轮电池的关键技术分析及其研究现状[J]. 机械与电子, 2014（1）: 3-7.

[30] 孙超. 电动出路突破动力电池困境的技术前瞻[J]. 产品可靠性报告, 2011（6）: 36-37.

[31] 徐小东, 张炳力. 混合动力技术与未来汽车的发展[J]. 安徽建筑工业学院学报, 2008（3）: 15-17.

[32] Septimus van der Linden. Bulk energy storage potential in the USA, current developments and future prospects[J]. Energy, 2006, 31（15）: 3446-3457.

[33] 赵克刚, 罗玉涛. 一种液压储能汽车的混联式新方案[J]. 液压与气动, 2007（04）: 18-21.

[34] S. W. Shen, E. V. Frans. Analysis and control of a flywheel hybrid vehicular powertrain[J]. IEEE Transactions on Control Systems Technology, 2004, 12（5）: 645-660.

[35] 苏欣平, 肖汇, 杨钢. 混合动力汽车的效率分析及发展趋势[J]. 机床与液压, 2011, 39（20）: 57-58.

[36] 熊光楞, 王克明, 陈斌元, 等. 计算机仿真技术在轿车工业中的应用与发展[J]. 系统仿真学报, 2004, 16（1）: 73-78.

[37] Youquan, Chen, Xinhui Liu, et al. Simulation and Data Analysis of Energy Recovery Sensing on a Parallel Hydraulic Hybrid Crane[J]. Intelligent Automation And Soft Computing, 2018, 24（3）: 613-622.

[38] 秦大同, 邓涛, 杨阳, 林志煌. 基于前向建模的ISG型CVT混合动力系

统再生制动仿真研究[J]. 中国机械工程, 2008, 19（5）: 618-624.

[39] 孟刚, 李俊文. 轮胎滚动阻力与汽车燃油经济性的关系[J]. 甘肃高师学报, 2005, 10（5）: 25-27.

[40] 冯永胜. 飞机电滑行系统的功率需求分析[J]. 科技资讯, 2011（27）: 43.

[41] 王领, 张伟. 气制动大客车制动力矩计算分析[J]. 汽车实用技术, 2011（6）: 14-17.

[42] R.I. Davis, R.D. Lorenz. Engine torque ripple cancellation with an integrated starter alternator in a hybrid electric vehicle: implementation and control[J]. IEEE Transactions on Industry Applications, IEEE Transactions on, 2003, 39（6）: 1765-1774.

[43] Lee S, Seungmook O, Young Choi. Performance and emission characteristics of an SI engine operated with DME blended LPG fuel[J]. Fuel, 2009, 88: 1009-1015.

[44] Wang S F, Ji C W, Zhang B. Effects of hydrogen addtion and cylinder cutoff on combustion and emissions performance of a spark-ignited gasoline engine under a low operating condition[J]. Energy, 2010（12）: 4754-4760.

[45] Ji C W, Wang S F, Zhang B. Performance of a hybrid hydrogen-gasoline engine under various operating conditions[J]. Applied Energy, 2012（97）: 584-589.

[46] 郭琦. 工程车辆并联式液压混合动力系统研究[D]. 杭州: 浙江大学, 2017: 26-45.

[47] 柳波, 黄杰, 陆江斌, 王浩. 滑移装载机自动铲掘轨迹控制研究[J]. 武汉理工大学学报, 2010（12）: 107-110.

[48] Robyn A. Jackey, Paul Smith, Steven Bloxham. Physical System Model of a Hydraulic Energy Storage Device for Hybrid Powertrain Applications[C]. SAE International, World Congress Detroit, Michigan, VSA 2005.

[49] Scott M. Finlayson, Tim R. Dickson. Accumulator Sizing and Evaluation Technique Based on Theoretical Optimum System Performance[J].

SAE International, 2005, 114: 2557-2562.

[50] Mohammad A, Walter W O. Geometric and Kinematic Modeling of a Variable Displacement Hydraulic Bent-Axis Piston Pump[J]. Journal of Computational and Nonlinear Dynamics, 2010, （4）: 041010.

[51] 陈晋市. 滑移装载机行走系统研究[D]. 长春: 吉林大学, 2012: 20-33.

[52] Kamil C.B., Mehmet A. G. and Ahmet T. A comprehensive overview of hybrid electric vehicle: Powertrain configurations, powertrain control techniques and electronic control units[J]. Energy Conversion and Management, 2011（52）: 1305-1313.

[53] 叶敏, 郭振宇, 程博, 曹秉刚. 基于参数摄动的电动汽车再生制动鲁棒混合控制研究[J]. 西安交通大学学报. 2007, 41（1）: 64-68.

[54] 赵铁栓, 姚怀新. 车辆液压驱动系统中蓄能器与数学模型[J]. 工程机械, 2005，36（9）: 56-60.

[55] 路甬样. 液压气动技术手册[M]. 北京: 机械工业出版社, 2002: 774-779.

[56] 李志国, 李夕兵, 甘海仁. 基于Simulink和功率键合图的囊式蓄能器动态仿真研究[J]. 矿冶工程, 2009, 29（3）: 19-22.

[57] 汪世益, 方勇, 满忠伟. 工程机械液压节能技术的现状及发展趋势[J]. 工程机械, 2010, 09: 51-53.

[58] 谢辉, 宋小武, 周能辉. 轻度混合动力系统控制模式分层决策及能量管理策略的研究[J]. 内燃机学报. 2005, 23（2）: 155-161.

[59] 童毅. 并联式混合动力系统动态协调控制问题的研究[D]. 北京: 清华大学. 2004: 24-43.

[60] 魏跃远, 林程, 林逸, 何洪文, 申荣卫. 混合动力汽车系统效率的影响因素. 吉林大学学报（工学版）. 2006, 36（1）: 20-24.

[61] 王庆年, 金启前, 初亮, 王伟华. 传动系参数和控制参数对并联混合动力轿车性能的影响[J].吉林大学学报（工学版）. 2005, 35（3）: 243-248.

[62] 李军求, 孙逢春, 张承宁, 李红林, 何洪文. BFC6100-EV电动大客车

动力传动系统参数设计[J]. 北京理工大学学报, 2004, 24（4）: 311-314.

[63] 陈铁民, 荆宝德. 皮囊式液压蓄能器的选择与计算[J]. 建筑机械, 1995,（4）: 21- 22.

[64] 韩文, 常思勤. 对二次调节系统中蓄能器的研究[J]. 机床与液压, 2003（5）: 197-198.

[65] 李翔晟, 常思勤. 新型电控液驱车辆储能元件特性分析[J]. 中国机械工程, 2007, 18（10）: 1244-1247.

[66] 肖扬. 油液混合动力挖掘机流量耦合式及扭矩耦合式动力系统研究[D]. 杭州: 浙江大学, 2015: 76-79.

[67] 刘衍民, 牛奔. 新型粒子群算法理论与实践[M]. 北京: 科学出版社, 2013. 90-91.

[68] 肖晓伟, 肖迪, 林锦国, 肖玉峰. 多目标优化问题的研究概述[J]. 计算机应用研究, 2011, 28（3）: 805-809.

[69] Coello Coello C A, Reyess-sierra M. Multi-objective particle swarm optimizers: A Survey of the State-of-the-Art[J]. International Journal of Computational Intelligence Research, 2006, 2（3）: 287-308.

[70] 朱正礼. 并联式混合动力轿车动力系统性能匹配与优化研究[D]. 上海: 上海交通大学. 2004: 74-92.

[71] 余志生. 汽车理论[M]. 北京：机械工业出版社, 2007: 9, 1-2, 89-90, 102-105, 132, 93.

[72] Hiroki S, Shigeru I, Eitaro K Ken I, Suck-kyu L. Study on hybrid vehicle using constant pressure hydraulic system with flywheel for energy storage[J]. SAE paper, 2004,（01）: 3064.

[73] Zhang P, Yan F, Du C. A comprehensive analysis of energy management strategies for hybrid electric vehicles based on bibliometrics[J]. Renewable & Sustainable Energy Reviews, 2015, 48: 88-104.

[74] 吕胜利, 左曙光. 并联混合动力汽车控制策略的综合分析[J]. 上海汽车, 2005,（7）: 26-30.

[75] 范狄. 基于电池荷电状态规划的混合动力公交客车控制策略研究[D]. 长春: 吉林大学, 2015, 49-50.

[76] 黄援军, 殷承良, 张建武. 并联式混合动力城市客车最优转矩分配策略[J]. 上海交通大学学报, 2009（10）: 1536-1540.

[77] Weiwei Xiong, Yong Zhang, Chengliang Yin. Optimal energy management for a series-parallel hybrid electric bus[J]. Energy Conversion and Management, 2009, 50（7）: 1730-1738.

[78] Chen L, Xi G, Sun J. Torque Coordination Control During Mode Transition for a Series–Parallel Hybrid Electric Vehicle[J]. IEEE Transactions on Vehicular Technology, 2012, 61（7）: 2936-2949.

[79] Hung Y H, Tung Y M, Chang C H. Optimal control of integrated energy management/mode switch timing in a three-power-source hybrid powertrain[J]. Applied Energy, 2016, 173: 184-196.

[80] A. A. Mukhitdinov, S. K. Ruzimov, S. L. Eshkabilov. Optimal control strategies for CVT of the HEV during a regenerative process[C]. IEEE Conference on Electric and Hybrid Vehicles Pune, India, 2006: 1-12.

[81] 白志峰, 张传伟, 李舒欣, 等. 电动汽车驱动与再生制动的$H\infty$鲁棒控制[J]. 西安交通大学学报, 2005, 39（3）: 256-260.

[82] 浦金欢, 殷承良, 张建武, 等. 混合动力轿车的控制策略与建模[J]. 上海交通大学学报, 2004, 38（11）: 1917-1921.

[83] J. L. Zhang, C. L. Yin and J. W. Zhang. Design and Analysis of Electro-mechanical Hybrid Anti-lock Braking System for Hybrid Electric Vehicle Utilizing Motor Regenerative Braking[J]. 机械工程学报(英文版), 2009（1）: 42-49.

[84] Hui Sun., Junqing Jing., Research on the system configuration and energy control strategy for parallel hydraulic hybrid loader[J]. Automation in construction, 2010, 19（2）: 213-220.

[85] 彭栋. 混合动力汽车制动能量回收与ABS集成控制研究[D]. 上海: 上海交通大学. 2007: 48-83.

[86] 孙冬野, 秦大同. 并联式混合动力车辆动力转换控制策略研究[J]. 农业机械学报, 2003, 34（1）: 5-7.

[87] Lv Chen, Zhang Junzhi, Li Yutong, et al. Mechanism analysis and evaluation methodology of regenerative braking contribution to energy efficiency improvement of electrified vehicles[J].Energy Conversion and Management, 2015, 92（14）: 469-482.

[88] GB. 汽车起重机和轮胎起重机试验规范（第2部分：性能试验）[S]. SBTS, 2005, 284-285.

[89] 熊坚, 胡永平. 汽车制动过程的计算机仿真研究[J]. 云南工业大学学报, 1995,（01）: 33-40+46.

[90] 张滨刚, 姜正根. 汽车制动过程的理论分析与试验[J]. 兵工学报（坦克装甲车与发动机分册）, 1998,（04）: 1-5.

[91] 李瑜婷, 赵治国, 章桐. DCT变速器双离合器压力最优控制方法的仿真研究[J]. 中国机械工程, 2010（12）: 1496-1501.

[92] 张海平. 测试是液压的灵魂[J]. 液压气动与密封, 2010（6）: 1-5.

[93] 张曦, 王国权, 龚国庆. 基于DEWETRON的汽车操纵稳定性数据采集技术[J]. 北京机械工业学院学报, 2007, 22（1）: 43-47.

[94] 中国汽车技术研究中心. GB/T 12545.2-2001 商用车辆燃料消耗量试验方法[M]. 北京: 中国标准出版社, 2001: 1-6.